今日もポンコツなボクは
何もできなかった
毎日うまくいかないことばかり

ガックリ肩を落として
暗い暗い夜の
帰り道を
歩いていたら……

ビックリ！
ヘンテコな
黒いやつと
目が合っちゃった
なんだか
泣いてるみたいだぞ
！
ポロポロ

ボク悲しいです

飛べるのに
飛べないのが
悲しいです

ブルーな気持ちとは
このことです

だからお願いがあります

え？
この本に飛び方が
書いてあるの？
読むの？
ボクが？
キミに？

超・達成思考

青木仁志

ACHIEVEMENT PUBLISHING

この本を手に取ったあなたへ

あなたの未来を決定しているものは何かわかりますか?

身の回りには毎日たくさんの出来事が起こります。仕事でのトラブル、会社の飲み会、家族の体調不良、友人からの食事の誘い……。予測できることもあれば予測できないこともあります。

目の前の現象を判断し、決断した行動が未来になります。私たち

この本を
読むという選択は
きっといい未来に
つながるです
Future

の未来を決定しているもの、それは選択です。

人は今よりもよくなりたい、幸せになりたいと望んでいます。わたしは能力開発トレーナーとして40万人以上に「成功の哲学」を指導してきました。

本書では選択を変えることによって、自分の夢や願望を実現する、目標達成する方法をたくさん提案していきます。

思い描いたことを次々と成功させて望みどおりの人生を歩んでいく人と、何もかもうまくいかずに失敗ばかりしている人がいます。両者の決定的な違いはなんでしょうか。才能？　家柄？　運？

いちばん違うのは〝考え方〟です。「遺伝子」「育った環境」「習慣」。この3つから人間のパーソナリティの核がつくられます。成長過程での経験が、その人の思考の枠組みをつくります。

8割の人はこの思考の枠組みの中で生涯を終えます。「気分がよくなるか悪くなるか」「自分を満たしてくれるかくれないか」「得か損か」という、過去の経験から培われた快不快の判断で物事を選択しています。

2割の人が人生は自分の考え方によってつくられていることに気づき、物事を達成していく思考を学び、人生を思うとおりに変えようとします。そのなかの2割が達成思考を身につけて成功のステージに入ります。

さらにその2割、100人いたら1人いるかいないかの割合で、超・達成思考をもつ成功者が生まれます。

未来に何が起こるのかは誰にもわかりません。しかし、超・達成思考の人間は、今の時点で未来の自分はどうなっているかを決めています。往く先々で何が起こるのかはわからない。それでも自分を信じて、自分自身との約束を守り続ける。すると、いつのまにか思い描いた未来が現実のものになります。

アメリカの心理学者ウイリアム・グラッサー博士が提唱した選択理論心理学では、その人の人生をコントロールできるのは本人だけだと言われます。

しかし、人は流される生き物です。考え方しだいで、思うことはなんでも実現できるのに、多くの人はネガティブな思い込みに支配されて、ついつい周りの「できない、無理だ」という価値観に染まってしまう。そういう弱さが人間にはあります。


だからこそ、多くの書物に出会う。できるかぎり達成思考の人と付き合う。肯定的な考え方を身につけることが人生の質を上げることにつながります。ネガティブな人と付き合っているとネガティブな考え方が身につきます。

ネガティブな人とは
付き合わないほうが
いいって書いてあるよ…
ほかの人に読んでもらう?

ある人から「子どもの入学金が工面できないので、支援してくれないか」という相談を受けました。何十年も前から「自分が経済的に恵まれないのは貧乏な家庭で育って、家族が病気をし……」と、延々とうまくいかないストーリーを語っているのです。

結局、どこかに今の人生を周りや環境のせいにしている被害者意識が見え隠れします。

わたしは「お金をもらうよりももっと大きくあなたの思考を変革する本です」と、一冊の書物を渡しました。情報を得ることで、選択の幅を広げてもらいたかったのです。

仕事で成功し、十分な収入を得て、最高の人間関係で、華やかな世界の中心にいる自分が想像できない。そんな人生が手に入るとは思っていない。

ネガティブという表現をすると、「わたしは毎日幸せだし、明るく生きています」と思うかもしれませんが、「成功したい！」と思っていながら、どこかで「自分にはできない」と思い込んでいる。ほんとうの意味で、自分で自分の人生を自由につくり上げられる、コントロールできると確信している人はごくわずかです。

もちろん、他人の行動はコントロールできませんし、予測不能な出来事も日々起こります。それでも、どう対処するかは自分の判断・選択です。未来はすべて思考によってつくられていくのです。うまくいく人はうまくいく考え方をもっています。それはシンプルで、誰にでも手に入るものです。

何が自分にとっていちばん大切か？

これが超・達成思考かどうかを知るための質問です。「何事でも人々からしてほしいことを他の人々にもそのようにしなさい」という黄金律を守っていれば、すべてがうまくいくようになります。なぜなら、原理原則にかなった判断だからです。

人間は弱い存在なのでついつい自分中心になります。人の役に立つか、周りの人にとっても人生の質を高める選択かどうか。つねに相手中心で考えている人には協力者が現れます。崩れずに成長・発展し続ける人生とは、お互いよくなれると信じられる、周りと信頼で結びついた自信をもった毎日の実現です。いつの時代でも大切なことは原理原則にかなった生き方をしていくことなのです。成功の秘訣は誰もが知っています。

ビジネスでいうならば、正しいこととはお客様にとっても、株主にとっても、社員にとっても、社会にとってもよいことを事業として続けることです。もちろん、自分にとってもよいことであり、今だけではなくこれから先もよいこと。この真理に立脚した生き方を全うしましょう。「自分のしていることは人の役に立つことか？」と胸に問いかければわかることです。

自分一人だけでは短期的に達成しても長く続きません。お互いに助け合い、協力し合うことで超達成が起こります。

貢献が先です。みんなに役立つことをめざし、得られる協力によって物事は成し遂げられます。この本で、その具体的な方法を身につけてください。

人の役に立つことをしよう…か…
どうしてもボクにこの本を読んで欲しいのかい?
コクコク

こうして
黒いヘンテコリンに
本を読んであげる
ことになっちゃった

飛びたいけど
飛べないってことは
ペンギンなのかな?

飛べるわけないのになぁ

ペタペタ
ついてくるから
ペッタンと名付けてみたら
羽ばたきながら
喜んでくれたよ

1ミリも
飛ばなかった
けどね

目次

第一部

達成の息吹

燃えるような願望

達成・成就という言葉を辞書で引くと、「願いなどの叶うこと。物事が望んだとおりに完成すること」とあります。願いとは願望。願望とは思考です。つまり、思考を現実化させる力が「達成力」と定義できます。

「何をいつまでに成し遂げる」と決めて、達成する。これが習慣化すると、何事に対しても「目標を定めよう」となります。

まずはなんとしてもそれを達成したいという燃えるような願望があること。これが達成のスタートラインです。

そんなことは当たり前ですか？

でも達成を思い続けることは難しい。四六時中寝ても覚めても「仕事で成果を出す」と考えていますか？　もしずっと仕事で成果を出すことだけに焦点を当てて行動している人がいれば、必ず仕事で成功できるでしょう。

「試験に合格したい」「営業成績で一番になりたい」「大きなスポーツの大会で優勝したい」。人それぞれ叶えたい夢は異なり、それを達成したいという気持ちに嘘はない。でも続かない。願望はあっても継続できない。世の永遠のテーマです。こういうことが日常に溢れています。

燃えるような願望？ あります！ 大丈夫です！
ゴオオ
それで焦げて黒くなっちゃったの？
あ…ゴメン…

快適感情と苦痛感情

願望はあるのに、なぜ達成できないのか？

今の感情に流されてしまうからです。行動すれば、私たちは「快適感情」と「苦痛感情」のどちらかを味わいます。苦痛感情は誰だって嫌です。仕事よりも大好きな彼女とデートしていたい。資格の勉強よりもゲームのほうが楽しい。トレーニングするよりも家で寝ていたいのです。

「成功したいですか？」

セミナーでこう聞くと、全員が手を挙げます。

「では、朝から晩まで仕事で成果を上げるために時間を使えますか？」

こうなると、ほとんどの人が手を下げてしまいます。

成功する人としない人を分けるものは素質や才能ではありません。

「時間とお金の使い方」です。目標を達成できる人間は、ほかの何よりも目標達成を優先して時間とお金を投資するので、誰よりも早く望みを叶え、自己実現できます。


では、「これをしたい！」「あれをしたい！」という、「○○をしたい」という気持ちはどこから生まれるのでしょうか？

選択理論心理学では、私たちは生まれながらに5つの基本的欲求をもっていると言います。

快適感情と苦痛感情 どっちを味わいたい？
どっちも食べたいです！

5つの基本的欲求

私たちは欲求に従って行動します。それらはすべて、5つの基本的欲求のどれかを満たそうとしているのです。

たとえば、運動が大好きという人もいれば、観劇の時間が何よりも楽しみという人もいます。

友人とおしゃべりしながらのランチがストレス解消になる人もいれば、家で一人ゆっくり過ごす時間に幸せを感じる人もいます。遺伝子に組み込まれた5つの基本的欲求の強弱は人それぞれです。これらを満たすために、私たちは行動を〝選択〟しているのです。

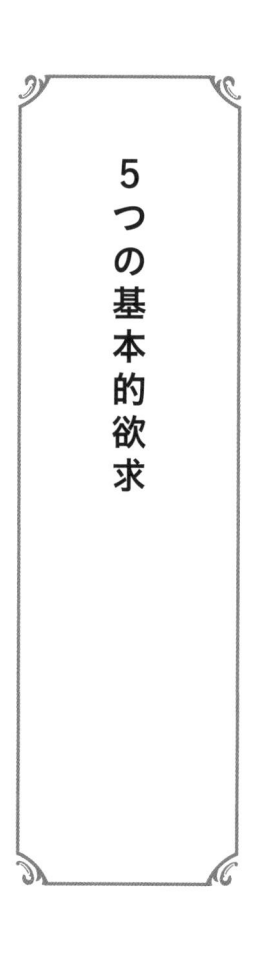

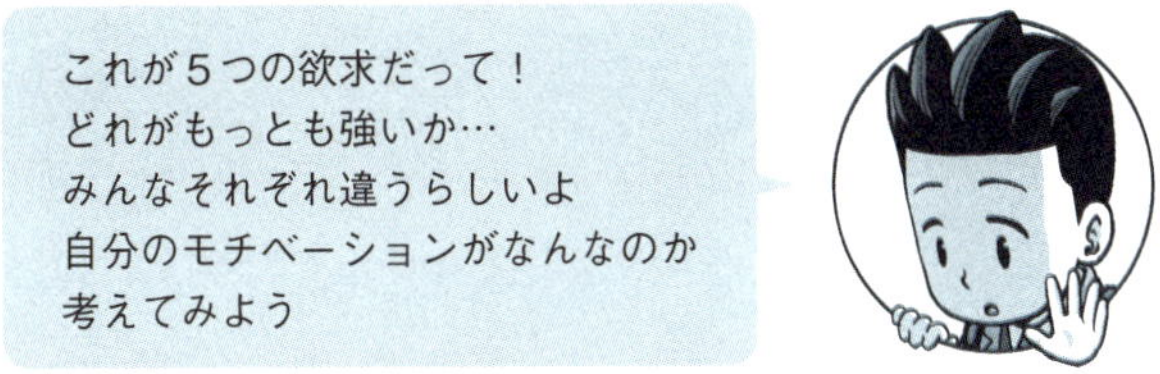
これが５つの欲求だって！
どれがもっとも強いか…
みんなそれぞれ違うらしいよ
自分のモチベーションがなんなのか
考えてみよう

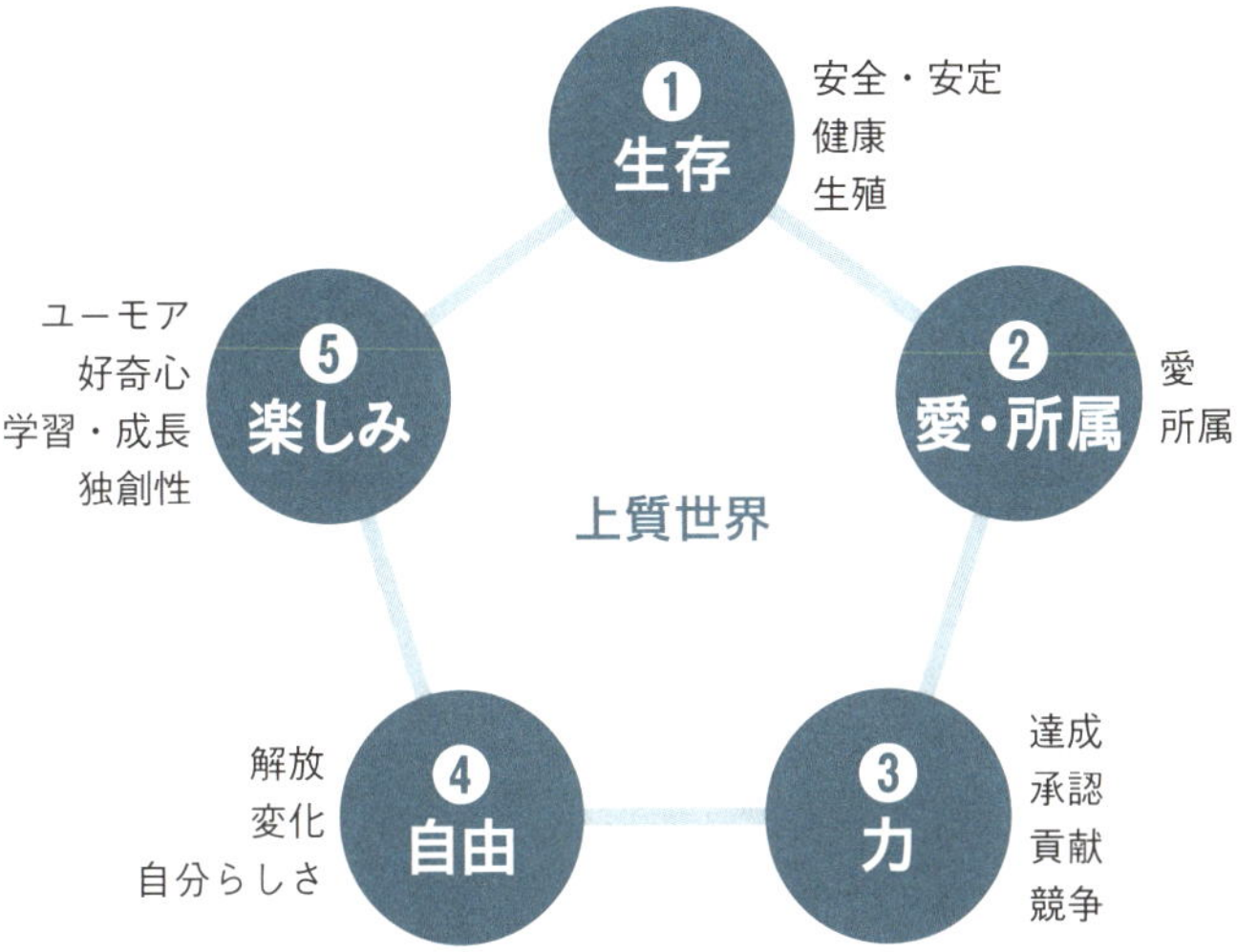
① 生存
安全・安定
健康
生殖
② 愛・所属
愛
所属
③ 力
達成
承認
貢献
競争
④ 自由
解放
変化
自分らしさ
⑤ 楽しみ
ユーモア
好奇心
学習・成長
独創性
上質世界

もぐもぐ（考え中）

生き生きと愛を探し力をつけて自由を得るため楽しみながら飛びたいです
ゲフー
全部じゃん…あまり欲張りすぎないようにね
心も太っちゃうよ?

上質世界

このような5つの基本的欲求を満たすイメージがアルバムのように納められている願望の世界を、選択理論心理学では〝上質世界〟と言います。この上質世界は人それぞれ異なります。

友人の家に招かれて参加したホームパーティーがとても楽しかったので、次は自分も開いてみたいと思った。思い出は過去のものですが、記憶は写真のように頭の中にイメージとして残っています。

目標を設定し、計画が立てられるのも、このイメージが鮮明だからです。ホームパーティーではどんな料理が並んでいたのか？　テーブルセッティングは？　飲み物は？　料理の出された順番は？　はっきり想像できるほど、具体的な目標が設定できて、すぐに計画も立てられます。

「メインはお肉料理だったけど、盛り付けまではおぼえていない」
「食後に出してもらった紅茶はすっきりとしておいしかったけど、銘柄はわからない」
「テーブルセッティング？　なんとなくの記憶しかない……」

これではどのような準備を自分がすればいいのかわかりません。目標がない、目標設定ができないのは、願望のイメージが不鮮明で、頭の中の情報が整理されていないからです。

「わたしでも達成できるんでしょうか？」

心配性の人はこう聞いてきます。「達成したい」という気持ちがあれば、必ずできます。願望が明確であれば、実現するための情報収集をおこない、計画を立てて実行できます。未来はその人の思考にあります。ふたをしているのは自分自身です。

達成力を高めるとは、厳しい訓練で苦痛感情を乗り越える精神力を鍛えることではありません。動機づけのメカニズムを知って、理性的な判断で5つの基本的欲求を満たす計画・実行をしていく。自分がほんとうに大切にしたいと考えていること（思考）に対して、行動を一致させて達成していく技術を身につけることです。

あのね…思考と行動を一致させるのが大切らしいよ
空を飛びたいから（↓思考）本を読むです（↓行動）
一致してる？

能力開発の5段階

思考がその人の未来をつくっていると述べました。

しかし、考え方を身につけても、物事を実現するだけの能力がなければ達成できないのは自明の理です。やみくもにビジネス書を読み漁り、専門知識を頭に入れても、それだけでは成功できないのは誰でもわかります。

多くの人が知っただけで満足してしまっています。セミナーに何度足を運んでも一向に変わらないのは、願望があいまいだからです。

本気で人生を変えたいと思っている人は、知ったことを知ったまま終わらせず、もう一歩踏み込んで理解しようとします。

「燃えるような願望をもつってどういうことなんだろう?」
「いちばん大切にしたいものを知ることがどうして真っ先に説かれるのだろう?」

人間はなんの意味があるのかわからない、価値の見出せないことに労力を割こうとは思えません。成功したければ、成功者の発言・行動・考え方を知りましょう。

どうしてそのような行動・振る舞いをするのか、理由がわかればわかるほど、行動意欲につながっていきます。実行し続けることで能力が上がり、思ったとおりに物事を実現できるようになります。

最後は自我の壁です。ある分野で成功した人が講演活動や執筆活動をするように、真の成功者は自分の成功を自分だけのものとせずに分かち合います。

すると、協力者が現れたり、影響を受けた人たちとつながったり、成功が成功を呼び、善循環になっていくのです。これこそ超達成する人の思考法です。

能力開発には段階があることを知り、焦らず着実に能力を磨いていきましょう。実践によって培われた能力を使って、他者にも達成の技術を分かち合う。すると、成功の輪はますます大きくなっていくでしょう。

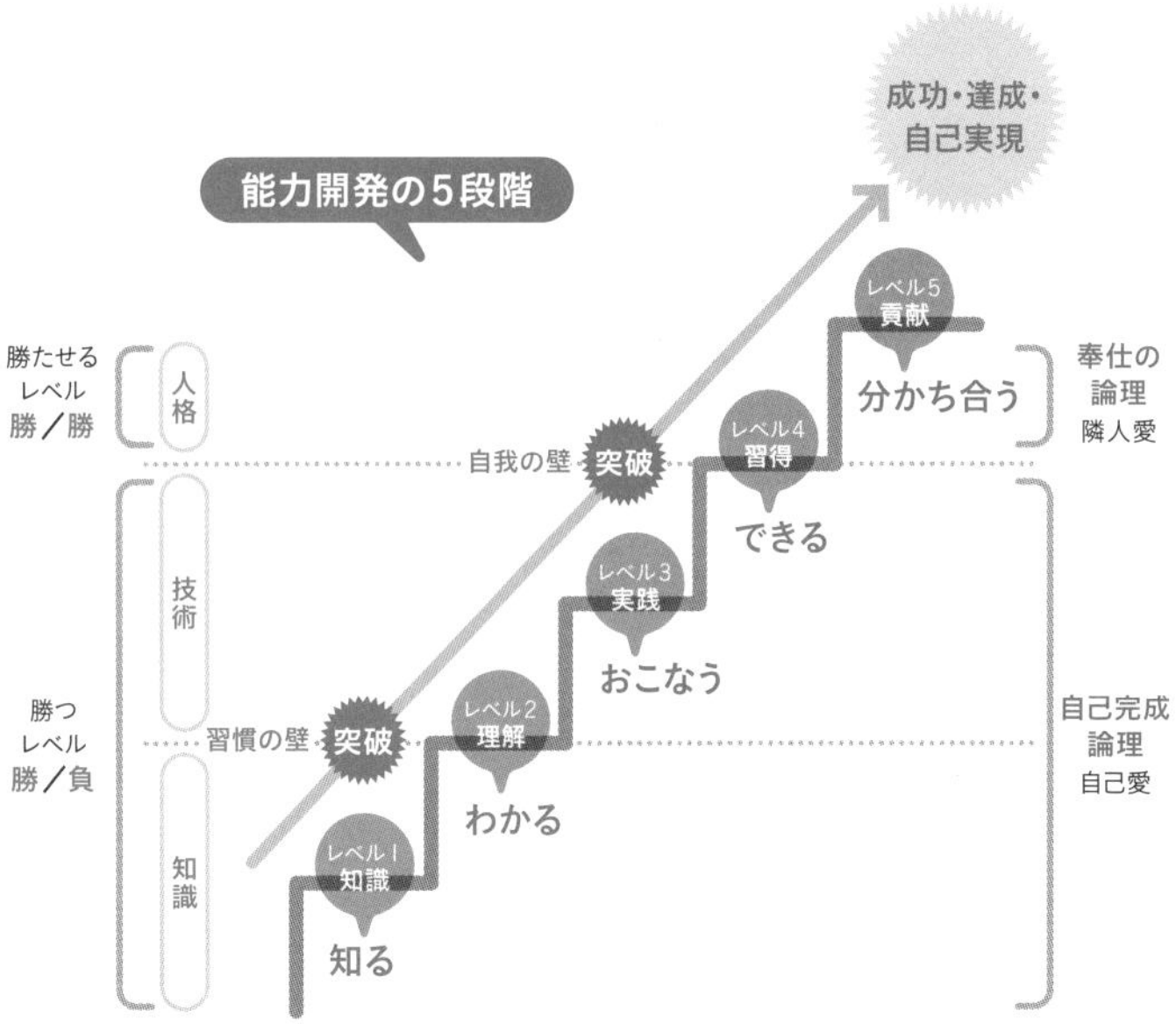
能力開発の5段階
成功・達成・自己実現
勝たせるレベル 勝／勝
人格
自我の壁 突破
技術
勝つレベル 勝／負
習慣の壁 突破
知識
レベル1 知識
知る
レベル2 理解
わかる
レベル3 実践
おこなう
レベル4 習得
できる
レベル5 貢献
分かち合う
奉仕の論理 隣人愛
自己完成論理 自己愛

能力は階段をのぼるように向上していくんだね
ホップステップジャンプフライハイです

相手の望みと自分の望みを一致させる

一度きりの人生、納得したものにしたいという気持ちは誰もがもっています。願望を掘り下げると、自尊心に行き着くのです。

たとえば、仕事の場面でも「お客様に喜ばれない仕事は（自分のプライドにかけて）したくない」「この会社にとって役に立つ存在になりたい」「ほかのスタッフが喜んでいる顔に囲まれて自分も仕事をしたい」という気持ちは自然に湧いてくるものだと思います。

相手に喜んでもらいたいという気持ちと自分の願望が一致している状態をつくると、目標を達成するために人の力が得られます。

わたしの場合は、選択理論心理学を世の中に広めて、不満足な人間関係に起因するあらゆる不幸を払拭することが使命だと思っています。

そのために段階を踏んだ能力開発をしています。達成した結果は自分のためにも、協力してくれた人のためにも、社会のためにもなります。


大切なのは、自分の内側から湧き上がってきた目標であるかどうかです。たとえば仕事面では上司から指示された業務をしなければならなかったり、すべてを自分で選べるわけではないかもしれません。

ただ、その仕事がどう自分のキャリアに活かされるか、会社にとってどんなインパクトが与えられるのかという解釈は自由です。そのうえで方法や手順を能動的に決めていきましょう。

「自分がもっとも重要と考えているものは何か？　周りがもっとも重要と考えているものは何か？」

「自分が求めているもの（理念）は何か？　会社や組織の長期方針が求めるものは何か？」

つねに自分と周りの願望の両方を考えて行動を管理します。

人は決して強い存在でも完璧な存在でもありません。すぐ、簡単にできること、好きなこと、慣れたことに流されます。自分で考えるよりも命じられたことをするほうが簡単です。予定どおりよりも飛び込んできた仕事や急ぎのことを優先したほうがラクです。

しかし、流されながら一生懸命努力するのではなく、成果を出すために、周りから求められていることも考えて行動しましょう。

じゃあ
自分の願望と
相手の喜びは
一致しているのかい?
空を飛ぶと
(↓自分の願望)
キミが喜ぶです
(↓相手の喜び)
ボク喜ぶの?

行動のメカニズム

あなたの人生をコントロールできるのはあなただけです。他人にはコントロールできません。そして、またあなたも他人をコントロールできません。だからこそ、私たち一人ひとりは自分の人生に責任をもっています。

人間の行動（全行動）は44ページの図で表すことができます。前輪が「思考」と「行為」、後輪が「感情」と「生理反応」。エンジンが5つの基本的欲求で、ハンドルが願望です。私たちは基本的欲求に動機づけられて前に進もうとします。ハンドルは基本的欲求を満たすイメージ（願望）です。願望の方向に前輪の「思考」と「行為」を動かします。すると、後輪の「感情」と「生理反応」もついてきます。こうして車は進みます。

願望とは基本的欲求を満たすイメージですから、願望を明確にして、「思考」と「行動」をコントロールしながら、目標を達成できると基本的欲求が満たされます。快適感情を味わえるのです。

反対に、願望が不明確だと基本的欲求は満たされません。「思考」と「行動」を駆使して右往左往するものの、なかなか快適感情を味わえないので、やがて苦痛感情が強くなって、欲求不満になり、不幸感を味わいます。

人生の幸福感は、車をうまく運転できているかどうかにかかっているわけです。

目標達成という言葉は大げさに聞こえるかもしれません。願望を明確にして、目標をつくり、計画どおりに達成することで、毎日快適感情、幸福感を味わえます。

目の前のことをこなすので精一杯であれば、計画を立てて実行するという考えすら思い浮かびません。計画が立てられない、実行できないおおもとの原因は、何がしたいのかという願望が不明確であること、何をすべきかという情報の不足です。ゴールがはっきりしていて、それを実現するプロセスを把握していれば計画を立てるのは容易です。思考環境を整えることに、ぜひ時間を割いてください。願望が明確であればあるほど、快適なドライブができます。

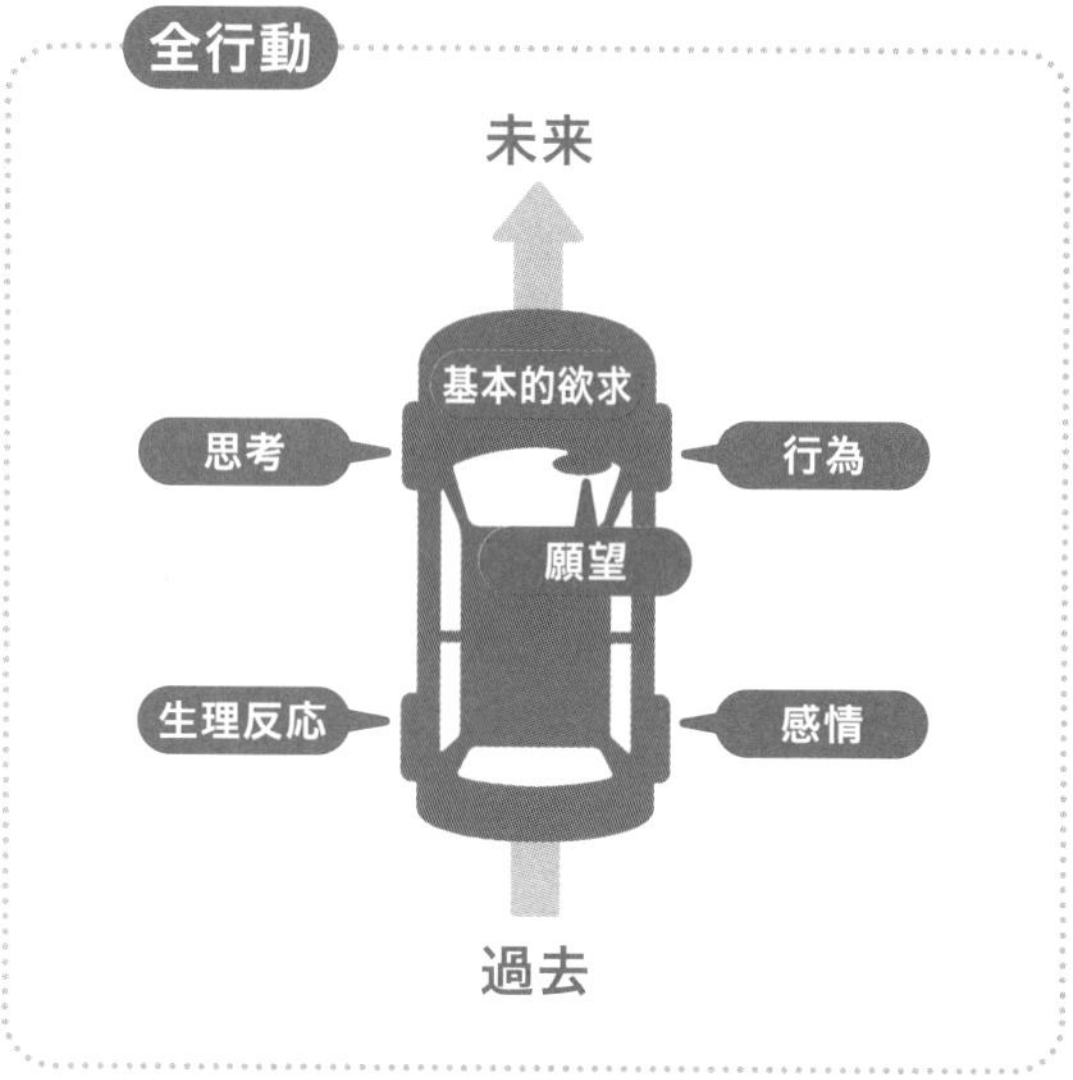
全行動
未来
基本的欲求
思考
行為
願望
生理反応
感情
過去

願望のハンドルをしっかり握って運転すればどこにだって行けるみたい
ボクロケットのほうがいいです

目標達成のメカニズム

願望は明確になりました。では、何をすれば達成できるのでしょうか？

人間は頭の中に入れた情報の範囲内でしか、選択肢を出せません。水を温めて沸点を過ぎると液体から気体に変わるように、知識もある一定量が入って組み合わされることで知恵になっていきます。到底無理だと思うような目標でも、情報を蓄積していくことで達成するための知恵が生まれます。

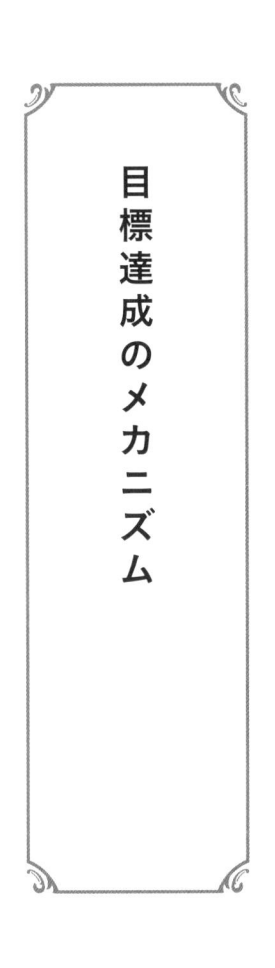

願望が強ければ強いほど、その達成を心に留めていられるので、知識の吸収が早くなり、知恵が湧いてくる可能性が高くなります。

興味のある分野で成果を上げるようとするべきです。そのためには自分が何を求めているのかを知ることが大切です。

ひとたび願望が明確になったら、まずは達成に向けて動き出してみる。すると学習によって知識が増えていきます。試行錯誤を繰り返すなかで、時には苦痛感情を味わうこともあるかもしれませんが、願望が明確であれば、苦痛を乗り越えて学習し、やがて達成することができます。

知恵が生まれたら、徹底的にスキルを磨きましょう。徐々に能力が高まり、マインド・ノウハウ・スキルがすべて揃ったときに目標を達成できます。

たくさんの知識の組み合わせが知恵に成長するんだって
学校でもっと勉強しておけばよかったな
人生いつだって勉強中なのですよ

他人をコントロールしない

成果を上げる人とは、強い願望の持ち主で、願望を実現するために人の力が必要であれば借りることができる人です。相手が何を望んでいるのかを把握して、相手の望みを叶える過程で自分の望みを叶える能力を有していると言えます。

願望はその人の価値観に含まれます。価値観に反することに人は夢中になれません。自分の価値観に合ったことには納得します。望んでいるものが明確になればなるほど、それを実現するために必ず行動していきます。どんな人でも欲求を満たすために自ら求めるものを具現化しようとして、最善を尽くしているのです。

どうしてもそれを達成したいから、何をすればいいのかを逆算して考える。考えたことを実行する。もし、人の力を借りなければならないときには、適正能力のある人たちに協力を仰ぐ。他人の力を借りられるから、個人では達成できないことも成し遂げられます。

ただし、他人は操れません。親子関係であろうと、夫婦関係であろうと対人関係においてはコントロールを手放してください。人は自分の決断に従う生き物です。もし人の力を借りたければ、成し遂げたくなるような夢、成し遂げられそうな舞台（仕組み）をつくるのです。

続きを読んでください
ピピピ
他人ヲ
コントロールスルコトハデキマセン

価値観の肯定的な変化

人間は考える生き物です。考えるとは、事実ではなく解釈の世界です。解釈力を高めることが成果を上げる能力につながります。

なぜなら、その人の価値観が快適感情、苦痛感情を分けるからです。自分中心になると、自分にとって都合の悪いものは不平・不満の源になります。それでは他人の協力は得られません。

自分ではなく相手中心となり、相手の望みを叶えることを自分の望みとするのが超達成する人の心の持ちようです。ほんとうに達成したいという願望があれば、こうした肯定的な価値観をもてるようになります。

わたしがフルコミッションセールスでマネジャーをしていたときに「食べられないのでやめます」というメンバーがずいぶんいました。「自分に指導力があれば……」と、ふがいなさを感じて、自分自身の時間の使い方や営業トークはもちろん、感動した本の内容や顧客から教わったこと、行きつけの美容室、どのような靴・かばん・スーツを買えばいいのか、ロールプレイングの指導など、ありとあらゆるセールスで成功するための指導を毎日3時間、来る日も来る日も教えました。

それぞれが個性豊かにセールスをすればいい。しかし、インプットがなければアウトプットもできない。参考にしてもらえればという気持ちでしたが、何度話を聞いても、成果が出ない人に共通していたことは、評論家になっていて一向に行動に移さないということでした。

「マネジャーのおっしゃることはよくわかりました。私たちがしているのは社会に必要な大事な仕事なんですね」
「営業って、お客様の感謝を集めることなんですね！　今までそんなことを考えたことはなかったです」

このように頭でわかっているものの、行動が伴わないのです。仕入れた情報も活用しなければ使い物になりません。消化不良の状態です。知り得たことを使って本気で目標を達成しようという意欲の根源にあるのは、自分自身への信頼感です。

「自分はトップセールスにふさわしい人間だ！　もっともっとお客様を感動させるような仕事をしてみせる！」

未来は誰にも見えません。しかし、自分を信じるからこそ、果敢に挑戦していこう、能力を高めていこうと思えるのです。

成長とは価値観の肯定的な変化です。自分には大いなる可能性がある。それを開花し、たくさんの人の役に立てる。だからこそ、成長しようとします。

自分が損する、相手は得するといった損得勘定ではなく、相手が何を求めているのか、そのために自分にできることは何かを考え、行動できる人間が他人の力を借りることができ、結果として大きな達成力を身につけていきます。

つまり
ペッタンが空を飛ぶのを
自分の望みにしよう
ということ？
それ
叶えられる
かなぁ…
えきるえす！

超達成する人の共通点①

成果とは対象に対して望ましい結果です。活動によって得られる果実です。超達成する人は、まず「成果とは何か？」という定義をもっています。

投資であれば見合ったリターンを得る。トップセールスになりたいと思ったら売上がトップになる。これが成果です。

親子関係においては、子どもが自分に自信をもって、「自分には価値がある存在だ。この世に生を受けて、親に愛されて、自分は幸せになれる人間だ」という健全な自己概念をもって大人になってくれることです。何を得たいかがはっきりとしているから、対価を得るためにふさわしい代償を支払う。成果の定義ができているからこそ、成果を上げることができます。

あなたはなんのために時間を使っていますか?

「とにかく少しでも売上をあげよう」

これでは未来はありません。

「過去最高の売上まであと100万円なんです」

これは具体的なので、「1日100コールをして、3アポを取って、残り営業日数は5日だから……」と、どのようなアクションをすればいいのかが鮮明に見えてきます。

プランニングとは未来を変えるために、いつまでにどんな行動をするかを定めることです。

成果の定義は
空を飛ぶことです！
ボクの定義は何だろう？

超達成する人の共通点②

超達成する人は、何をすればその成果が手に入るのかという方法論をもっています。

「将来豊かになりたい」と願望だけ抱いていても、いつまでに何をしていくらの資産をつくるのかを決めていなければ、何もしないのと同じです。計画とは目標達成のための行動リストだと言えます。

今すぐ実行できて、期限が明確で具体的な目標を日々達成していきましょう。成果を明確にし、達成に効果的な行動を積み上げれば、必ず成果が出ます。

空を飛ぶための
方法論は
キミに本を
読んでもらう
ことです
ゼー
ゼー
どうして
そうなるの?
飛べるわけ
ないと思うよ

超達成する人の共通点③

「今していることは目標達成に役立っているか？」

この質問を自らに問い続けることで、成果から行動がブレなくなります。こう考えると「ラクして生きる」ということも、その人にとって願望であれば成果になります。

では、ラクして生きるために効果的な行動を積み重ねる、それはラクして生きている状態でしょうか？　ラクして生きるとはどう定義されるでしょうか？　「ラクして生きる」はその人の個性の表現で、自らの目的目標（ラクしたい）に役立つ行動をするという点においては、決してラクしているわけではありません。目標を達成するために時間とお金を投資しているからです。道楽で無為にこれらを消費しているわけではありません。

成果を上げる人は目標から目を逸らしたときにゴールが遠く離れていくことを知っています。ゴールは遠のきません。目標があいまいだと自分が離れてしまうのです。スケジュールを見てみてください。「それは目標達成に役立っているか?」とチェックしてもっと優先すべきことがあれば、今すぐやるべきことを変えてください。行動が変われば、未来は確実に変わります。

自分が何を得たいのか。どうしたら実現できるのか。スケジュールはあなたが将来どうなっているかが描かれている未来の予定表なのです。

今しているごとは何か効果あるのかな?
!

超達成する人の共通点④

超達成する人は何事も「何を、いつまでにするか」を明らかにします。逆算して考えるから目標を達成できて、願望実現に一歩一歩近づいていきます。

優秀な経営者は5年先、10年先を見据えて、今すべき布石を打ちます。未来のことであっても、完成図も設計図もすでに出来上がっているのです。「この日までに会社の売上を10億円にする。利益は1億円で、従業員は50名、事業としては……」達成する日を今の時点で決めてしまい、そのためにどういう手を打てばいいのかを考えて計画を立てるのが逆算思考です。

未来はその人の願望実現ですから、どんなものでもかまいません。「マイホームを持つ」「年収1000万円になる」「マネジャーに昇格したい」。多くの人は願望をもちながら、今に一生懸命で長期的な視点を見失っています。願望実現には時間がかかります。

成果が明確で、方法論がわかっていても、技術の習得には時間がかかります。時間を味方につけるのです。まずは3日間続けてみよう。次は3週間がんばってみよう。こうして知らず知らずのうちに能力が磨かれていきます。継続の秘訣は3日、3週間、3ヵ月、3年と区切りをつけることです。

もちろん、描いたとおりに歩めないときもあります。その場合には、何が原因か、不足しているかをすぐ振り返って目標を修正します。

大きな成功のためには
小さな成功を考えないといけないんだね

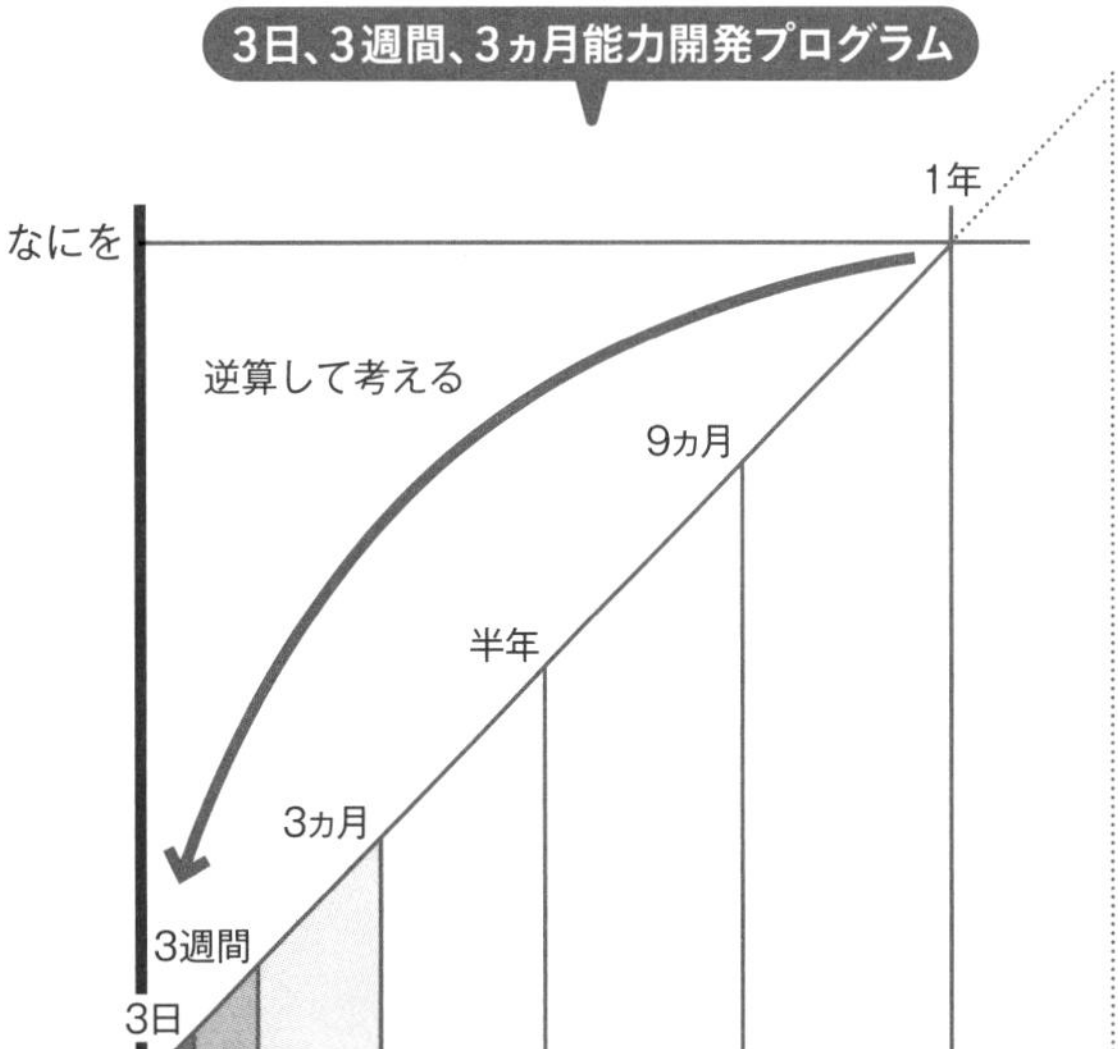

いきなりは飛べないです…

超達成する人の共通点⑤

超達成する人は目標を達成可能な領域に設定します。70ページの図にあるコンフォートゾーンに入った目標を立てることに慣れてしまうとラクに流されて抜け出しにくくなります。

自分が思っているよりも自分の可能性は大きいということは、頭に置いておいたほうがいいでしょう。人間は少し努力して物事を成し遂げると満足感をおぼえます。達成感を得られるアチーブメントゾーンに目標を設定してチャレンジして達成すれば成長できます。

ただし、大きすぎる目標を立てても達成できずに挫折してしまいます。見方を変えれば、管理できる目標の達成をめざして無理をしない人生を生きるのです。

コンフォートゾーンを抜けて、挑戦しようとすれば、必ず代償を支払うことになります。対価を払ってはじめて、成長や成功が手に入ります。

豊かになろうと思ったら、若いときには労働（時間）によって、お金を手に入れます。そして、キャリアを積んできたら、時間をかけて得たお金（リスク）を差し出して、人の力を借りてさらなる成果を手にします。そこで手に入ったお金を自分のコントロール下に置いて、さらにコントロールを増大していく。何かを得ようと思ったら、必ず代償が伴う。代償を支払わずに何かを得ようとするのは原理原則に反します。

自分で管理できる目標とは、その目標が願望からきていて、自分の意志と能力でやり遂げられるものであるということです。

精神的に苦痛で長続きしない、能力をはるかに大きく超えている、家族や近しい人に犠牲を強いる、人の善意をあてにする。こうした自分のコントロール下にないものはいくら立派な内容でも目標にはなりません。


適度な成長を望むのが人間の本性です。身の丈に合った最適な目標勾配を維持しながら成長するのです。

目標を管理下に置けば、未来に何を起こすかを今決めることができます。達成、未達成は自分で選べるのです。

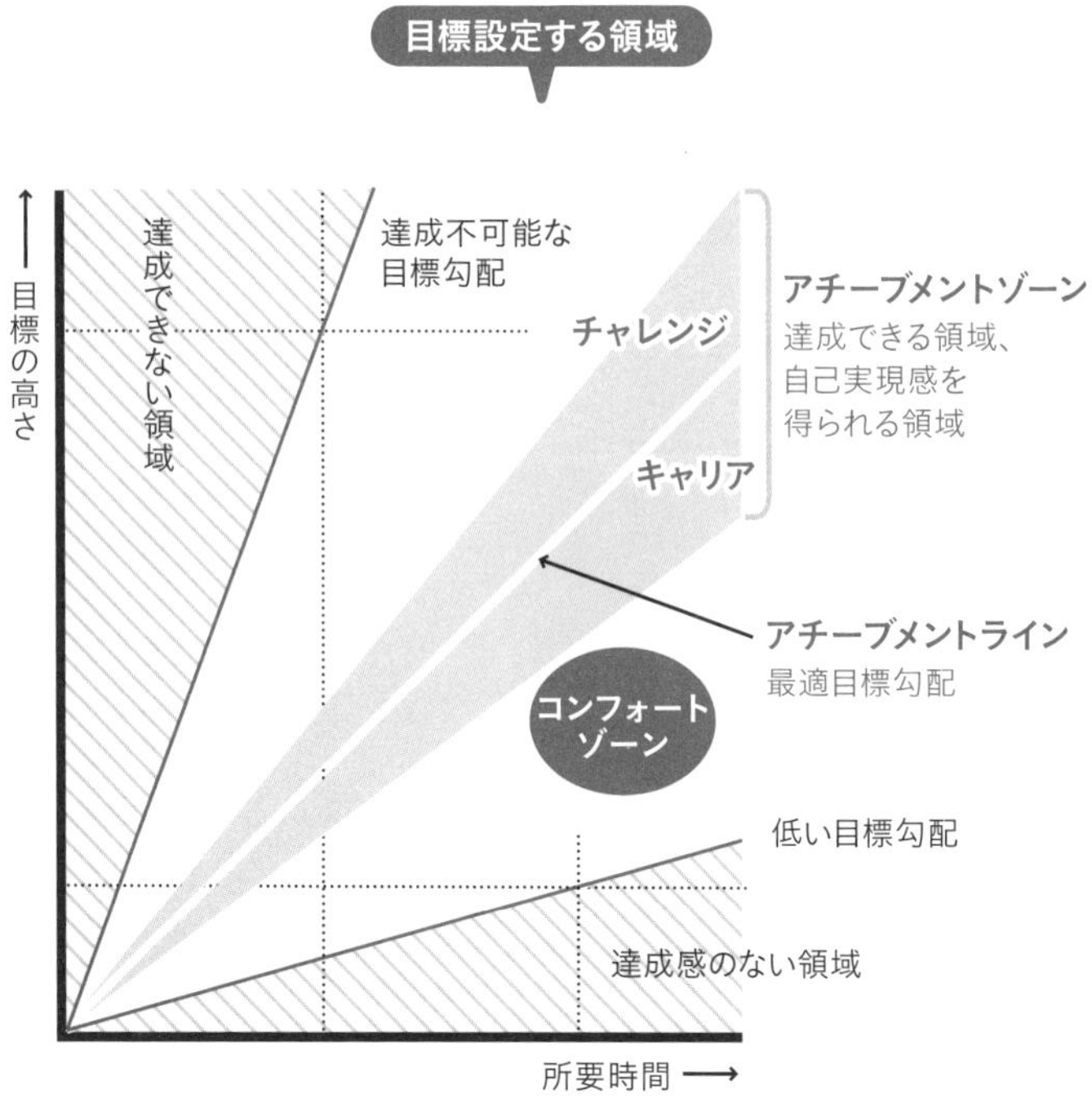
目標設定する領域
目標の高さ
所要時間
達成できない領域
達成不可能な目標勾配
チャレンジ
キャリア
アチーブメントゾーン
達成できる領域、自己実現感を得られる領域
アチーブメントライン
最適目標勾配
コンフォートゾーン
低い目標勾配
達成感のない領域

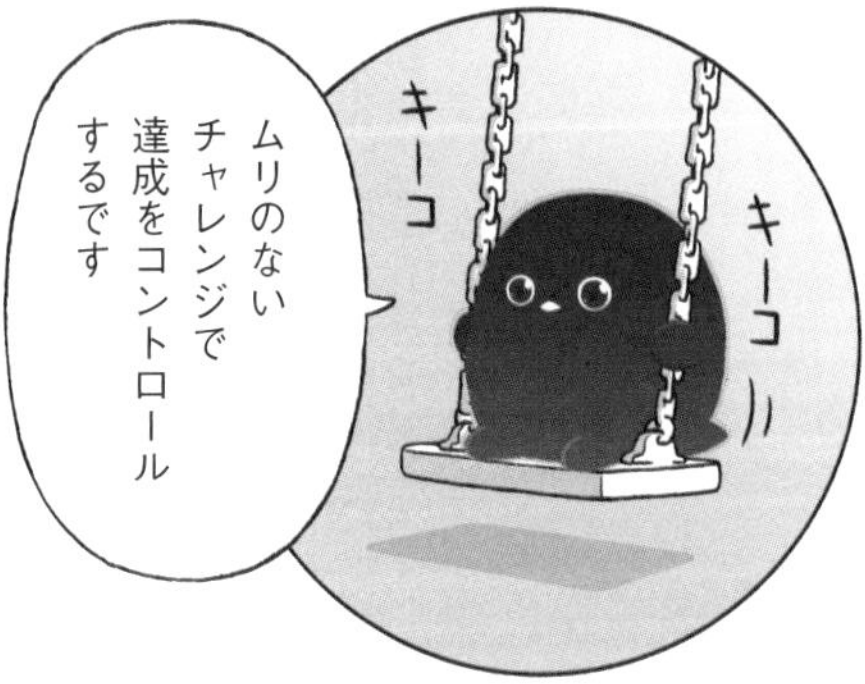
キーコ
キーコ
ムリのないチャレンジで達成をコントロールするです

目的・目標に対するこだわり

生きがい、やりがい、充実感、納得感を重視すると、目標に打ち込むことができます。打ち込むと必ず何かの答えがもらえます。結果の出ない人はどこかで他責になり、打ち込みきれていないのです。苦痛感情からその場しのぎの言い訳をします。他人から見ればただの言い逃れですが、習慣として身についてしまっているので本人は気づかないのです。

言い訳癖をなくすためには能力開発が必要です。朝早くから目的・目標を見て、その日のスケジュールを立てて完遂する。

達成が習慣化すると、どんな状況でも達成しなければ気がすまなくなってきます。

ただし、やらされ感があると続きません。やらされているとは、心がそこにはない。主体性がない状態です。指示されたことだけしていればいいのは、ラクなようでとても不自由なのです。

やらされ仕事の究極は刑務所の中にあります。

目標達成に対するこだわりはつくり出すことができます。一日の始まりと終わりに目的・目標を確認する。

すると、今まで考えもつかなかったアイデアが生まれたり、新しい行動を重ねるようになります。コンフォートゾーンを抜け出して、成長していきます。自分の能力を最大限活かすための習慣形成はとても大事です。

本読んで
ZZZ…

ハッ!
ボクの目的・目標ってなんだっけ?
本読んで

長期的な願望を短期的な願望にぶつける

願望は強い、意志は弱い。願望と意志がぶつかれば必ず願望が勝ちます。物事を成し遂げようと思ったら、長期的願望と短期的願望をぶつけるのです。

長期的願望に向かって自分を律することができると、周りから「自制心がある」と見られます。しかし、実際は意志が強いわけではありません。

「来年必ずトップセールスになる」「美しくなりたいから半年で10

キログラムのダイエットをする」。目標を決めると、休日を営業の勉強に割いたり、食事制限をしようとします。

セルフコントロール能力とは、意志の強さではなく、目標に焦点を合わせる能力と最優先の事柄に集中できる能力のことを指します。セルフコントロールができない状態だと、すべてが他人事になってしまいます。他律的で、不自由で、無責任になります。横行するのは言い訳や責任転嫁です。

人生に自由があり、主体性をもって生きるためには、セルフコントロール能力が不可欠です。自分の責任で人生を組み立て、管理するために、長期的な願望に目線を合わせましょう。

目標のもとに計画を立て、その実現に向かって、段階を追って実現させていく生き方は、自信を育み、自分に対する信頼を生み、人生に生きがいをもたらします。

空を飛びたいという**長期的願望**をイメージしてる
降りてほしいという**短期的願望**をイメージしてる

望む成果を手にするステップ

今よりも裕福になりたい。そう思っている人は多いでしょう。食べ物、衣服、住まい、車。それらを手に入れるまでは欲しいと思うものですが、手に入れてしまえば当たり前のものになってしまうのです。

ある人にとっては、それがファーストクラスに乗ることであったり、自家用ジェットを持つことだったりします。

そうしたものを手に入れている人たちは力があります。人間には力を手にしたいという欲求があります。そのためにお金を得ようとするのです。お金とは道具にすぎません。道具はいい道具のほうがいいに決まっているし、スケールアップもしていきます。

しかし、安易にお金を得ようとすると大きなリスクが伴います。一攫千金や大博打に出て元も子もない人生を送ることになった人はたくさんいます。賢さとはリスクをできるかぎりとらずに、自分なりに納得のいくリターンを手にすることです。

人生には年齢に応じたステージがあります。わたしを支えてくれたのはセールスパーソンとしての実績です。価値があると認めたものを世の中に伝えようと、純粋に勧めることができました。

そして、人を感化させるリーダーシップがありました。売るという能力を身につけることで、次のステップとしてマネジャーとして売る能力を組織に浸透させ、今度はコンサルティングの仕事でキャリアを積み、独立しました。現在は社会還元の段階ですが、今でも「こうすれば売れる」という自分なりのノウハウに確信があります。それがビジネスをするうえで、いちばんの自信になっています。

戦略的な人生を歩むうえで、リスクをゼロにすることはできません。しかし、自分の能力の範囲内で仕事をしていれば限りなくゼロに近づけることはできます。私たちは、自分の器を拡張しつつ、器の範囲内で仕事をしていかねばならないのです。

器を拡張すると、自分よりも能力の高い人たちをネットワークできるようになります。そして、起業家は事業において、リスクを最小限にして最大のリターンが見込めるものに投資します。この発想は個人の能力開発においてもとても重要です。

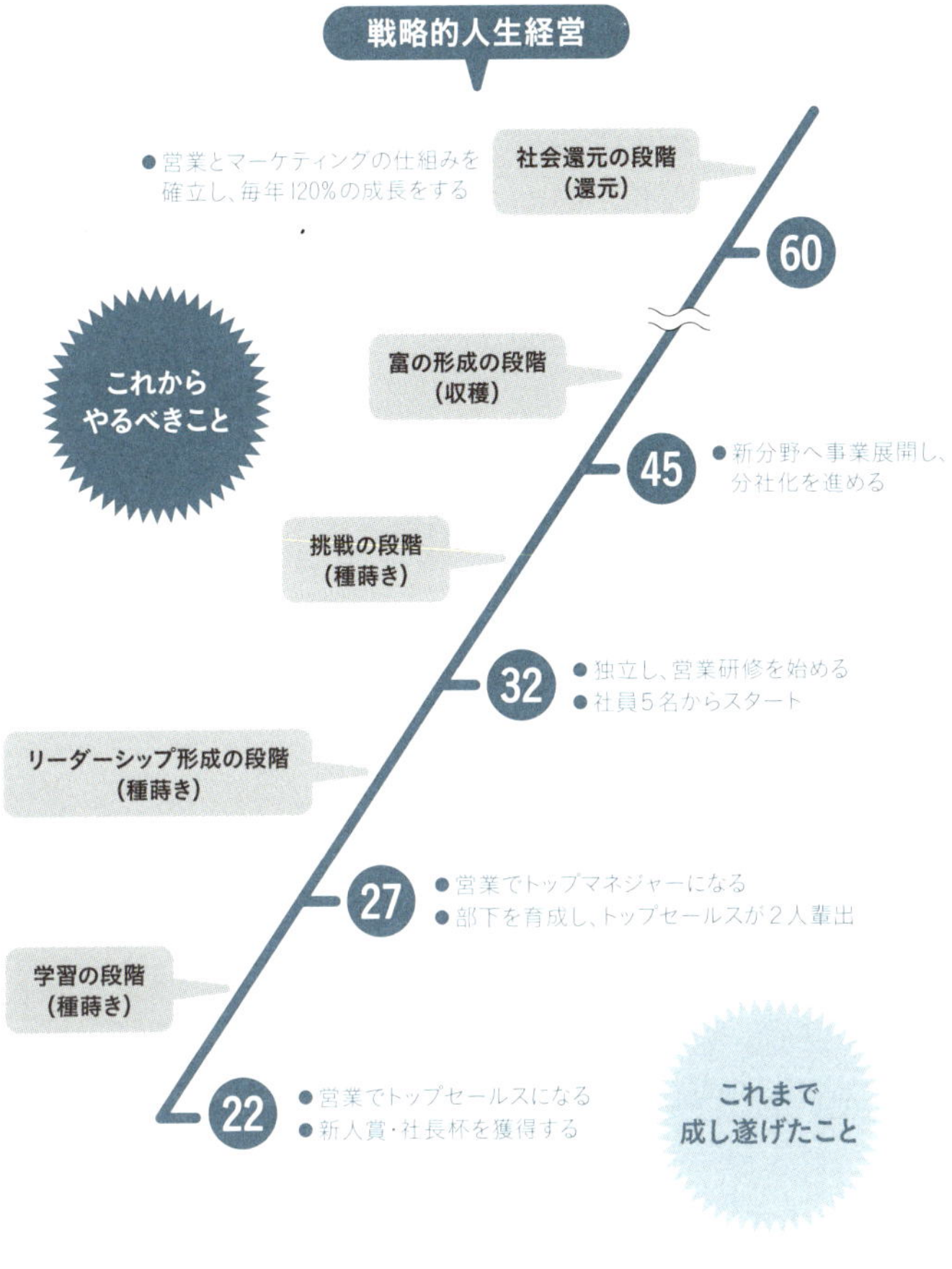
戦略的人生経営
社会還元の段階（還元）
●営業とマーケティングの仕組みを確立し、毎年120%の成長をする
60
これからやるべきこと
富の形成の段階（収穫）
45
●新分野へ事業展開し、分社化を進める
挑戦の段階（種蒔き）
32
●独立し、営業研修を始める
●社員5名からスタート
リーダーシップ形成の段階（種蒔き）
27
●営業でトップマネジャーになる
●部下を育成し、トップセールスが2人輩出
学習の段階（種蒔き）
22
●営業でトップセールスになる
●新人賞・社長杯を獲得する
これまで成し遂げたこと

第二部

超・達成思考

達成力の源

多くの経営者が「今の世の中、モノやサービスに溢れていてニーズなんて見つからない」と嘆いています。それは世の中の大多数（8割）の人に受け入れられる商材を考えているのであって、残りの2割の人に目を向けてみると、必要性が見つかります。

営業の世界ではよく〝アベレージ〟ということが言われます。「3プレ1」とか、「2プレ1」と表現します。自身の営業活動を分析し、「3回のプレゼンテーションをしたら、1回は契約に結びつく。これを2回に1回へ上げていこう」という発想が普通です。

しかし、アベレージは本来100%であるべきです。営業とは、お客様のニーズを満たす商品・サービスを提案する仕事です。つまり、セールスパーソンのプレゼンテーションが最善以下に甘んじなければ、必ず契約をしてくれます。

必要としていない人に提案するのは単なる押し売りです。営業ではありません。必要な人へプレゼンテーションする以上、100%成約すべきです。ですから、コンペにはなりません。100%をめざした結果、どうしても力及ばず成約に至らないことも起こります。そのバロメータがアベレージです。

相手が必要としているのであれば、必ず伝えきらなければならない。取引が始まってはじめて、セールスパーソンはお客様に貢献できるのです。はじめから確率論では考えません。

世の中の商品・サービスはなんであろうと、お客様の問題を解決するために存在しているのです。もし売ることばかりに目が向いて、売ろうとすればするほど、お客様は聞く耳を閉じてしまいます。

セールスパーソンは、いかにお客様の問題解決をし、ご満足いただけるかを追求していかねばなりません。お役に立ちたいという心が伝わったときに、お客様も「この人から買いたい」と思っていただけるのです。

こうした発想が達成力に結び付きます。

その本を読んでくれるとボクは100%わかってたです
だってキミにこそ必要な本なのですから

意味づけ・意義づけの力

100%成約するというコミットメントはどこから生まれるのでしょうか？

「自分はなぜこの仕事をしているのか？」

目的が明確であれば、目標に対するこだわりが生まれます。自分の行動に対する意味づけ・意義づけをすると、なんとしても成し遂げなくてはならないという覚悟が生まれるのです。

意味づけ・意義づけとは、約束するということです。約束を守るという意識が達成する力に変わっていきます。

たとえば、仕事とはお客様との約束です。仕事で成功するとは、お客様との約束をどれだけ果たせたかということ。

お金を得るために仕事をすると、お金を得たら満足してしまいます。一人でも多くの人たちに大きく喜んでもらいたいという働きぶりに焦点が当たると、達成しても次々と課題が出てきます。

達成しようという燃えるような願望は目的からきます。お客様に喜んでもらいたい、そのために自社商品をどのくらいの人に普及すればば、どのくらい喜んでもらえるか。ビジョンを鮮明に描くから、できるかもしれない、実現したらどれほどワクワクするだろうかという期待が生まれ、なんとしても達成しようという熱意が生まれてくるのです。

強い理念を土台に高い実践力が築かれるんだね

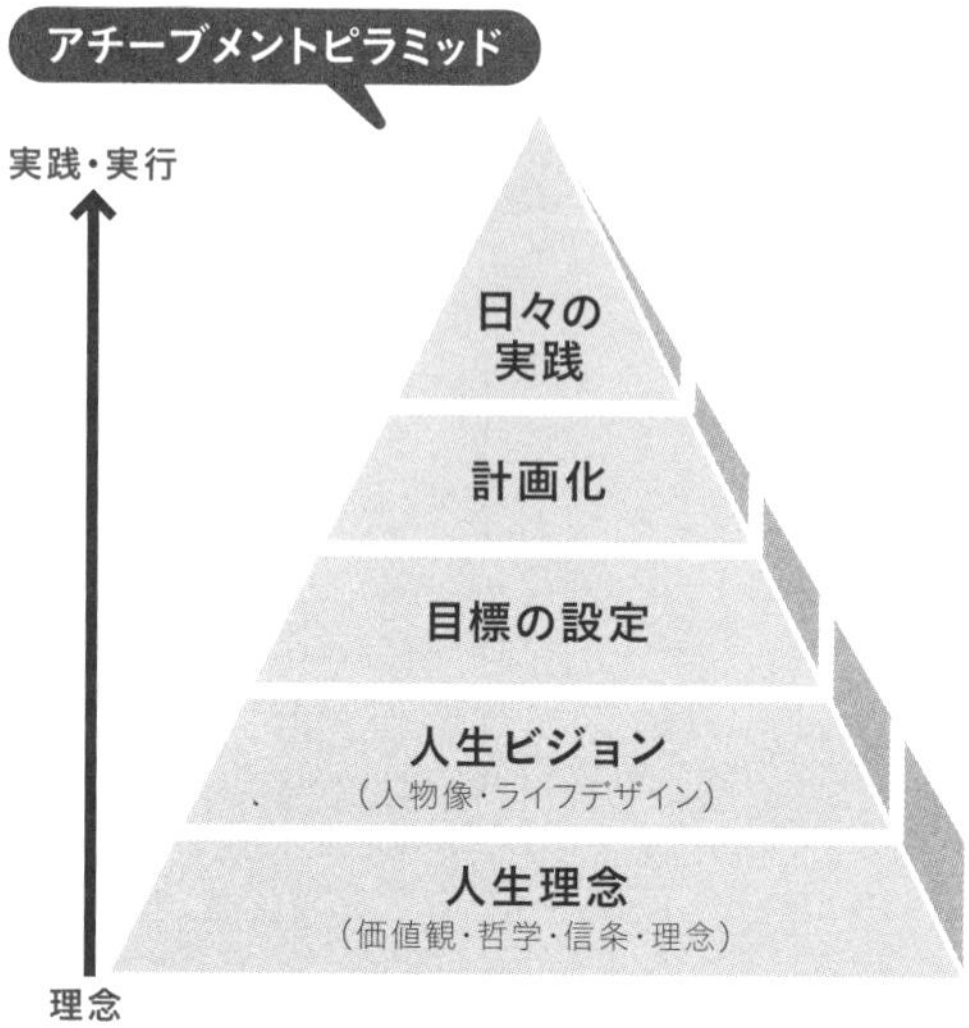

成功のステップ

1. 人生の土台となる価値観をまず固める
2. そのうえに構築するビジョンや将来のあるべき姿を明確にする
3. 目的を遂げるための目標を設定する
4. 目標を達成するための計画を立てる
5. 最終的に日々の実践に落とし込み、行動する

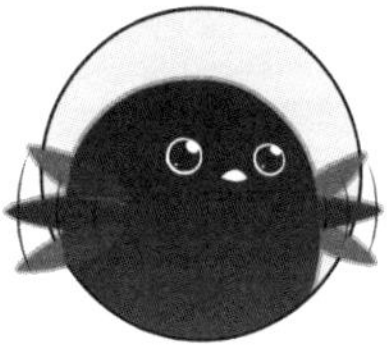

そして頂上から羽ばたけるのです！

そうやって自分を高めることで、秀でた能力を証明した人たちはプロフェッショナルとして、周りから用いられます。プロとはその分野において、自分以上に成果を出せる人間はいないという健全な自尊心と実績が伴っている人間のことです。

真のプロは成果で語ります。努力を主張しません。結果を見ればわかるからです。努力だけで生きていける、価値を提供できるとは考えていないのです。

できない人は自分で理由を付けて逃げてしまいます。アマチュアは他人から律されないと行動を変えられません。

プロは取引先との契約以上に自分との約束を守ります。自らを律します。目標達成への執念をもっているからです。人生理念に基づく目標があるからこそ、絶対に成し遂げるというコミットメントが生まれます。

人間は生き方を選択できる自由があります。自分のしていることに価値があると思えば価値があり、価値がないと思えば価値はなくなります。すべてはその人の考え方ひとつです。人生は儚いが虚しいものではありません。

生きる意味、意義を見出せば人生はすばらしいものになります。人生の質は、何を大切に生きるかを追求して、毎日自分の納得できる生き方ができたかで決まると言っても過言ではありません。

愛、信念、誠実さ、そして真摯さに方向性をもった努力が加わり、時間とともに人格が熟成され、多くの質の高い協力者に周りを囲まれることで、物心共に豊かな人生になっていきます。大切なことはこの成功の本質を追求することです。あなたの選択に人生の成功はかかっています。

もしかしたら
今していることって
ボクにとって
大きな意味が
あるのかも…

方法を知り、行動をコントロールする

自らを振り返れば、わたしは溶接工見習いからキャリアをスタートして、自信もお金も家柄も学歴も何もありませんでした。

燃えるような願望ができたのはナポレオン・ヒルの『成功哲学』（柳平彬監修、産能大出版部、１９７７年）を読んでからです。そのとおりに実践してうまくいった。その積み重ねから願望実現の方法が醸成されていきました。指南書と出会う。うまくいっている人に教わる。やり方を知ることから始めましょう。素直に実行する。すると結果が出て見通しがもてるようになります。

たった一度の人生をできるかぎりいい人生として送りたいという純粋な思いから目標を立てて、達成できると自分自身に暗示をかけるのです。それが意識下に入って、つねにどんなことが起こっても、達成を前提とした動きになっていきます。信念が生まれていきます。それが判断基準になります。人はその人が考えたとおりの人間になるのです。

行為は感情に先行します。行為はいちばん自分がコントロールしやすいものです。

次が思考です。そこに感情と生理反応がついてきます。いちばん動かしやすい行為で自分をコントロールするのです。行動によって自分の人生を切り開くのが達成者です。成功とはその人の生き方そのものなのです。

この本を読むという**行動**はキミが自分で**選択**したです
行動による変化をキミ自身が望んでいたのです

セルフカウンセリング

人間にはこうなりたい、ああなりたいと思っていてもできていないということがたくさんあります。自分でわかっていても、すぐに忘れてまた過ちを起こす。反省する。この繰り返しです。

いつも自分を客観的に把握して、小さな成功をしても勘違いしないようにしよう、思い上がらないようにしましょう。

人間は理想を口にします。誰もが平等なのに、権力に胡座《あぐら》をかいたり、少し仕事で結果が出ると傲慢になったり。あるひとつの与えられた環境の中で、多少の経験があるからといって驕ってはいけません。

自分がほかの人よりもできるので、メンバーや部下を下に見ている人がいます。その会社のなかでいちばん経験があるから、リーダーを務めているわけです。自分基準になれば、メンバーの足りないところばかり目につくかもしれません。しかし、経験不足の部下はついてこられなくて当たり前なのです。「ここがいいところだよ。もっとこうしたらうまくいくよ」と、チームワークで物事を成し遂げようとすればうまくいく。これは原理原則です。

何が原理原則かがわからないと右往左往します。わたしはつねに「自分にとっても、お客様にとっても、取引先にとっても、社会にとっても、本質的・長期的・客観的な視点で見たときに正しいかどうか」を判断軸にすることで原理原則に沿った判断を心がけています。判断がブレなくなると、同時にミスも減っていきました。判断ミスが少なくなると、予測どおりに物事が運ぶので、未来をコントロール下に置くことができるようになります。

自分中心ではなく、原理原則を中心に行動しましょう。そのためにセルフカウンセリングを勧めます。

●セルフカウンセリング

①わたしは何を求めているのか？
②そのために「今」何をしているのか？
③その行動はわたしの求めているものを手に入れるのに効果的か？
④もっとよい方法を考え出し、実行してみよう。

快適感情を求めて生きているのが人間です。すぐラクなほうへ流されてしまうので、よりよい生活習慣を確立することはいちばん難しいのです。ゆえに願望を明確にし、目標を設定し、行動計画を立て、自分の願望に正直に生きていけば、よい習慣が身につき、必ずよい人生を生きていけます。

セルフカウンセリングを毎日続けると、「ああしたい」「こうしたい」と考えていることと、日々の行動とのブレ幅がなくなっていきます。

自分の求めているものに対して、時間とお金を効果的に使っているでしょうか？　今していることが目的目標の達成に役立っているでしょうか？　セルフカウンセリングで行動を振り返りながら、この質問にＹＥＳと答えられる生き方を全うすることが、不確実な未来で着実に達成を手にしていく人生です。

セルフカウンセリング

①

わたしは何を求めているのか?
わたしにとって一番大切なものは何か?
わたしがほんとうに求めているものは?

⬇

願望の明確化

②

そのために「今」何をしているのか?

⬇

時間(お金)の使い方をチェックする

③

その行動はわたしの求めているものを手に入れるのに効果的か?

⬇

主観を絶対視せず客観的に行動を自己評価する

④

もっとよい方法を考え出し、実行してみよう

⬇

改善計画とその実践

他人とともに成功する

稲盛和夫氏のいう動機善であれば、人の力を借りることもできます。その願望を実現することが周りにとっても恵みとなるからです。

あなたが成功させたいと思う人で、その人の成功があなた自身の成功になる。そんなパワーパートナーを見つけてください。

ただ、周りの人の力を借りるためには、精神的にも経済的にも十分なお返しをしなければなりません。周りの人はあなたの願望を叶えたい。あなたは周りの人の願望を叶えたい。そういう心の状態をつくるのです。人の願望に入れる人生を生きることで、協力者ができます。

お客様は、ベストの商品・サービスの提供を求めています。お客様の目標達成に最大最善の協力をすることです。こちらがお客様の望みを叶える最高のパートナーになることができれば、自然と繁栄します。成功は成長の果実なのです。

成長とは価値観の肯定的な変化です。難しいですが、起こる出来事すべてに感謝できるようになれば成長の証です。過去は変わりません。生い立ちも変わりません。今を、これから先起こることを肯定的に捉えられるようになると人生が好転していきます。物事の見方も訓練によって変わっていきます。思考は選択だからです。

起こったことは過去の自分が判断したことの結果です。ですから、結果に一喜一憂しないことです。結果とはプロセスに対して自分がどれだけ誠実に向き合い、実行できたかのバロメータでしかありません。

外的な要因によって失敗することもあるかもしれません。どんなことからも学びはあります。すべてが自分の描いたとおりになることはない。日常茶飯事です。自分はそのとき最善と思う道を選ぶしかありません。

だからこそ、予測し、先を考えるのです。考え抜き、事前に対応をしていたうえで想定外の出来事が起こった場合に、すぐに次の手を打つ。また最善を尽くす。この繰り返しでよい結果をつくっていけるようになります。

ですから、付き合う人は慎重に選ばなければなりません。ビジネスの成功はサクセス、成果を出すことです。プライベートの成功はハピネス、幸福になることです。人生の充実にはどちらも欠かせません。

仕事においては成功タイプの人間を見極めて付き合いましょう。人の力を借りるためには、相手の願望に入るしかありません。ある分野においては誰にも負けないこだわりがあるという人は、組んだ相手がよければビジネスで成功できます。その人から価値があると評価される人間になることです。

まずは自分で燃えるような願望をもって努力をする。そこで生み出した価値が少しずつ注目されるようになって、そこで集まってきた人をよく見極めて、パートナーシップを結んでいきます。パートナー選びはとても大事です。

なんだか
教えるより
教わってるみたいに
なってきたぞ
パワー
パートナー
なのです！

人生の方程式

辞書を引くと価値とは「人の役に立つ程度」と書かれています。ビジネスで言えば、自分の働きがどれだけ人の役に立ったかが経済的な報酬として還元されます。

人には生まれもった先天的な特質と、自分が置かれている環境下での役割があります。自分自身に与えられた役割に生きることが大切です。

先天的特質×環境×本人の選択＝その人の人生

役割がわからなくなったときに人は迷うのではないでしょうか。父として、子として、会社組織の一員としてなど、人それぞれさまざまな役割があると思います。それぞれの役割を定義し、整理して、毎日その役割を全うできるように最善を尽くせば、生きがいややりがいが生まれてくるでしょう。

仕事においてはポジションが上がれば、より大きな権限を手にします。自由が拡張します。

自分のキャリアが活かされる仕事に就く。向き不向きを考えて、興味のある仕事に携われるのが理想ですが、そうではなくても10年はキャリアを形成し、あるレベルまで行くことが求められます。もし10年ひとつのことを真剣に極めようと続ければ、誰でもひとかどの職業人になれます。突き抜ける前にコロコロと職を変えていたら、壁にぶつかってまたふりだしに戻ります。

その仕事にまったく適性がないと感じても3年間はとことんやってみることです。ほんとうに3年打ち込んでひとつもかたちになったものがなければ適性がなかったのです。ほかの道を選んだほうがいいでしょう。

わたしも若いときにはセールスしか目に入っておらず、たまたま「マネジャーにならないか？」と声を掛けられたのがマネジメントを始めたきっかけです。セールスを続けたい気持ちもありましたが、請われたので引き受けました。そして、マネジャーとしてどうしたら結果が残せるかを考えて実践していったら、実績が上がりました。そのタイミングで能力開発会社の経営者とのご縁があって、入社をさせてもらいました。

入ったからにはまた成果を出そうと思って努力をしました。3年経ったときに自分なりの理想のサービスの形を実現したいと思って、小さく始めたのが今の会社です。ほんとうは入った会社で自分が将来社長になって、会長を支えながら、のれんの下で大きな仕事をしたいと思っていました。もしその経営者の方がわたしの考えを理解して、思う存分させてくださっていたら独立はしなかったと思います。

その仕事が好きか、人の役に立っていると心から思えるか、深いところで自分に合っているか、結果が出ているか（その努力が報われる仕組みになっているか）という軸で仕事は選ぶのがよいでしょう。結果が出なければつまらなくなってしまいます。自分の可能性を最大限発揮すれば、ある一定の成果は出ます。適性がないと言い切れるほどやりきったか、自分の腕を磨いたかがキャリアチェンジでのポイントです。

ビジネスパーソンとしての基礎能力が高ければ、結果が出ていても満たされないかもしれません。ほんとうに自分のしたいことは何かを自問自答しましょう。自分自身の棚卸しをして、周りの信頼できる人の意見も聞いて、自分の考えとも一致していたらそこに適性のある仕事があると言えます。

自分が選んだ道を正解にする人生を歩むのです。適性があったとは、結果が出て振り返ったときに気づくものです。達成者はどんな世界に入っていても、役割を全うするために突き抜けようとします。

ただし、願望を無視して、目標だけを追うと、成果を出しても虚しさが残ります。人は願望にあるものに関心を向けるので、理念を土台に、何かを成し遂げることよりも人間として愛の中に生きていける人生を全うすることが重要です。
周りから見てどんなに成功者でも、成功かどうかを決めるのは本人の心の在り様です。

愛があるからこそ、営業で成果を出す。ラーメン店なら日本一のラーメン店と言われるよう、味・サービス・店づくり、すべての質を追求し、一人でも多くの人に届けられるように成長する。愛も基本的欲求のひとつです。

世の中には、自己犠牲的に奉仕をする人もいます。黄金律は自分を愛するように隣人を愛することの実践です。自分を犠牲にした行動は、自分の人生の責任を果たしているとは言えません。
もちろん、相手の望みを叶えようとするために無理して献身する時もあるでしょう。短期的ではなく長期的に見て、ほんとうに自他ともによい道は何かを考えながら行動を選択してください。

5つの基本的欲求を順番に満たしていくのです。心身ともに健康であることを第一に、良好な人間関係（人間関係が悪化すると努力もできない）を築いたうえで、今の職業に意味づけ・意義づけをして価値ある仕事をしながら、自分なりに納得のいく成果を出せるよう追求しましょう。

お金は価値と価値の交換によって得られます。価値ある働きをすれば経済的な豊かさを手にすることができます。お金が手に入ると人生のコントロールが増大します。楽しみも増えるでしょう。大切なのはお金ではなく、長期的に人生のコントロールを増大していくことです。

考える時間をもつ

長期的にコントロールが増大しているかどうか。自分の状況を客観的に把握するためには原理原則を学ぶことです。真理とは何が正しいかです。真理の追求は大切です。そのうえで自分自身がつねに真理に対して、従順であり続ける。素直な心を持ち続ける。そのためにセルフカウンセリングが出てきます。

皆にとってよいことをする。誠実さ、愛、感謝に反する生き方はしない。愛が土台にあれば、人を傷つけることはしなくなります。

黄金律の実践です。

もし人の意見を聞かなくなったり、経済的な祝福を得られたときに傲慢になったり、目先の損得に走ったり、快楽に走ったら、いちばん大切にしなければならないものがないがしろになっている状態と考えていいわけです。いずれは道を外します。


「何をめざしているのか」が大切です。思考の中に未来があります。未来を失わないためにも、考える時間をもちましょう。考えるということは未来をデザインするということです。戦略的に人生を生きるためには、未来を考えてつねに布石を打っていかねばなりません。

考える時間をもつためには、スケジュールを詰めすぎないことです。おすすめは朝の時間ですが、それ以外でも隙間時間でつねに考えます。移動中などに思いついたことをメモして、毎日の実行計画に組み込むのです。

じゃあ
今夜は
ゆっくり考えごとを
してみよう
ボクどうすれば
色々うまく
いくように
なるのかな？
ネガティブ
ダメですよ

口癖

「感謝します」「ありがとうございます」「いつもご苦労さま」。

成功者は謝意を示す言葉、他人の労をねぎらう言葉を口癖にしています。人生はその人の言葉でつくられていくからです。肯定的な言葉を使いましょう。

詭弁ではなく、湧き上がってきた気持ちを口にすることです。感謝の気持ちがもてなくなったら、生きがいや仕事のやりがいもなくなってしまうのではないでしょうか。

感謝の気持ちが湧き上がってこないという人でも、行為は感情に先行します。たとえば遅くに帰宅して、配偶者からゴミ出しを頼まれた。そこで着替え直してゴミ出しをする。「いつもありがとう」という言葉を言わなくても、行動で示す。そういうことの積み重ねがその人の人生になっていきます。立派なことをしなくてもいいのです。一つひとつの意思決定が自分の人生を築き上げるのです。

意思決定の源は価値観です。価値観が信念になり、信念が行動を生み出し、行動が人生を決定します。よい書物を読んで、よい人と交際し、古典のような普遍的に信頼の置ける価値観に触れ続けましょう。そうした「成功の哲学」を信じるという状態になると、無意識のうちにその価値観を前提に行動するようになります。目には見えない原理原則を中心に行動できるようになっていくのです。

元気出すです！キミにもいいところあります！
ほら！髪型とか!!
あ…
ありがとう…

第三部

成功する時間とお金の使い方

他人の力を借りて時間在庫を増やす

達成するためには〝考え方〟が何よりも重要ですが、現実を変えられるのは実践した人です。そのためには時間とお金の使い方を変えなければなりません。ここからは人生を変えるための具体的な行動管理方法をお伝えします。

時間管理の要諦は、まず時間は在庫であるという意識をつねにもつことです。時間が無限にあると考えるのと、時間には限りがあると考えるのでは、時間の使い方はまったく異なります。

自分の時間には限りがあると考えると、つねに重要な事柄に優先して時間在庫を振り分けていこうという発想になります。

これが優先順位を決めるということです。ゆえに劣後順位、しなくてもいいものが決まります。

仕事においてはパフォーマンスを確保できるのか、自分にしかできない、付加価値を最大化するものを優先します。プライベートは幸せを第一に考えて、優先順位の高いものから着手します。

自分の十分な時間を大事な仕事に使えるように、いろんな仕事が飛び込んできたとしても必ずひと呼吸置いて、優先順位を確認してから着手しましょう。

この人は自分よりも能力がある、任せたほうが成果が出ると思ったら、任せてみましょう。成果が出たら、十分なお返しをすることで、自分一人では成し得なかったことも実現可能になります。これこそが究極の時間管理です。自分でなんでもしなければ気がすまないという人は時間が限られます。

時間とはその人の命です。人の時間を活用するということは、その人の命が用いられているのです。ですから、力を貸してくれることを承認し、心からの感謝を表す。そして、経済的にも十分に報いることを忘れてはなりません。

相手の価値を認められる人とのお付き合いは大切にしましょう。どんな分野であろうと、一緒にビジネスをするときには、相手にとってのベストパートナーであることをめざすのです。

しかし、人は活用しても利用してはいけません。利用とは相手を負かすポジションに置くことです。一方勝利ではなく、双方勝利をめざした時間の使い方をしてください。

酔って読めないですか？じゃあボクが読んであげるです
時間在庫は役割分担して有意義に使わないといけないのです！

コントロールできることに焦点を当てる

毎日することが多くて、なかなか自分の時間をもてないという人も多いでしょう。それでも、朝早く起きることで自分の時間をつくり出すことができます。わたしは出社前の2時間を自分の時間として、犬の散歩をしながらセルフカウンセリングをしています。

コントロールできることに焦点を当てるというのは時間管理の要諦です。

たとえば、もし顧問なりアドバイザーなりを引き受けたら、相当時間を割かないといけなくなる。だから、安請け合いはしません。その代わり顧問契約を結ばなくても、それ以上の協力を多くの人にします。

つまり顧問料を稼ぐための仕事はしていないということです。代わりに自分のセミナーに参加してもらったり、人を紹介してくださいと頼みます。そのほうが、自分のすることに対して責任を100%もてるからです。顧問はしないけれど、いつでも相談に来てくださいという気持ちで人に接しています。

自分がほんとうに責任を果たせる領域を考えたときに、大切にしなければいけないものは、自分を信頼して応援してくれている方々です。その人たちを絶対に裏切ってはいけない。世の中に対して胸を張れる仕事をしなければいけないのです。自分が約束を守れる状態を保つのです。

売上・利益を追うのではなく、お客様のために質の高い商品・サービスを提供する。それが組織的にできるようになると、結果が伴っていきます。

そのためには、独りよがりにならないよう、現場の声、お客様の声を集めて、衆知を集めて、意思決定をしましょう。

そうしたこだわりの質が、業績をつくっていきます。お客様に喜んでもらいたい。この一心から起こる行動の質が人生を分けます。

背負いきれない責任でコントロール不能になっちゃいけないですよ
フラ
フラ
わかってるよォ〜〜〜

損しないお金の使い方

ある上場をめざしている企業の経営者から数千万円の出資を相談されました。上場したら10倍の値段になるという話でしたが、お断りしました。

チャンスを逃したかもしれません。しかし、お金の使い方がわかっている人は、コントロールできないことで一攫千金を狙うようなことはしません。

自分の能力を活かして責任ある仕事をして積み上げた資産は崩れません。多くの人が、下心からリターンを期待して、詳しくない分野やコントロールできない領域で大儲けを企んで大損しています。

人には知覚できる領域とできない領域があります。どんなにコントロールを増大しても、自分には知覚できない領域はあります。つねに知覚できる領域か、コントロールできるかを考えて行動してください。

お金の場面では、人との関係性で情が優先されてしまうときはあります。だからこそ、付き合う人は慎重に選ばなければいけません。


また、人の協力を得られない人に共通するのは、人に対してお金や時間を提供するのが嫌いな点です。たとえば、顧問契約をしていない税理士や弁護士に対して、話を聞くばかりでなんの対価も支払わない経営者もいます。人を安く使おうとしていては二流三流にしか仕事を頼めません。すると、会社経営においてじつは大きく損をすることになります。

わたしはセールスマンの時代から収入の1割～2割をほかの人に還元するようにしていました。当時のわたしは20代そこそこです。お客様から教わることはあっても、自分が教えられるようなことは何もありません。

そこで自分がお世話になった方々にできることと言えば、菓子折りを持って行くことくらいだと思い、少ないながらも「職場の皆さんに、どうぞ」と、訪問するたびに精一杯のことをさせてもらいました。

収入の2割は出費として決して少なくはありません。それらを貯めていけば、贅沢もできたかもしれません。しかし、それではたくさんの人から協力を得ることはできなかったでしょう。今でもお金の使い方として間違っていなかったと思っています。

知覚の窓

自分にも 他人にも 知覚できる世界	自分には 知覚できるが 他人には 知覚できない世界
自分には 知覚できないが 他人には 知覚できる世界	自分にも 他人にも 知覚できない世界

あれぇ？ ペッタンが いないぞ～？
世界には 誰にだって 知覚できない 領域があるです そんな分野で 勝負しちゃ ダメなのです

時間の使い方はバランス

わたしは能力開発の第一人者として、縁ある多くの人の目標達成の支援をしたい。日本を代表する目標達成コンサルタントとして、個人ではなく、組織として世界最高峰をめざしていきたいと思っています。

人生では、プロとして仕事に集中する、時間を割くという面はとても大事です。しかし、極端に仕事に走ると病気になったり、愛する人との関係が悪くなったり。力の欲求は満たされても、そのほかの欲求が満たされず、非常に不安定な状態になります。
一日のスケジュールのなかで5つの基本的欲求がすべて満たされるようにトータルバランスで時間配分を見ることが大切です。

時間管理というと、生産性ばかりが取り沙汰されて、スキルの一種のように認識されています。しかし、それは間違いです。時間管理とはその人の人生そのもの、価値観の反映なのです。

のべつ幕無しで仕事人間になってしまうと、休みが取れなくなって、長期的に見たら、人生のバランスを崩します。誰もが平等にもつ一日24時間をどう配分するか。オンとオフのメリハリを考えて時間管理をしましょう。

5つの欲求は
用法・用量
バランスよくです
生存
楽しみ
愛・所属
自由
力

出来事を管理する

どうしたら時間を管理下に置けるのでしょうか。時間と出来事を切り離して考えましょう。時間は過ぎ去っていくもの。コントロールできませんが、未来に起こる出来事を管理することはできます。これがタイムマネジメントです。

どうやって管理するのか？

たとえば、年齢を重ねるというのは事実です。しかし、30歳、40

歳、50歳になったとき、どんな自分になっているのかは解釈です。「○歳のときに、こうなる」と先に決めて、逆算して生きると、完璧とは言わないまでも、未来をコントロールできるようになります。

今は世界最高峰をめざしている最中です。そのためには、人生理念の「愛、誠実、感謝」から一貫性をもった日々を過ごして信用を積み重ねることが必要だと思っています。「青木さん、あなたにすべて任せます」と、お客様から全幅の信頼を得て、言ってもらえる人間になることがめざす生き方になっていきます。

人からどう見られるかよりも、自分で自分を評価して、信頼できる人間であるためにどうありたいかを考えて、逆算した人生を歩みましょう。

夜空を見上げながら理想の未来を想像するです
それがきみの針路を示す北極星になるです
ロマンチストだねペッタン・・・

事前対応

今、自分は何を為すべきか？　人それぞれ大切なものを大切にして生きるためには優先順位があります。ビジネスのときには仕事における優先順位、プライベートでは私生活における優先順位と、付けるべき優先順位は大きくふたつに分けられます。

仕事においては職務責任、期待されている成果があります。優先順位とは、それに忠実であることです。

色々なことがあっても、できることは一時にひとつです。もっとも大切なことに時間とお金を割り振る。だから、まさに無計画は失敗を計画することと同じなのです。お金の苦労をしている人ほど無計画という共通点があります。

頭の中で達成するまでのプロセスが描けないと成果は出ません。だから、設計する時間を後回しにしてはいけません。何事も物事を成し遂げる手順、方法、内容があります。

燃えるような願望があるからこそ、考える時間も取ろうとします。すると、今、何をすべきかが見えてきます。これこそ事前対応です。

たとえば仕事においては、どんな職業でも求められる能力があります。悪くてもトップ5%、できれば1%～2%のレベルまで能力を磨き上げることで一流と認められます。周りからの用いられ方も違うし、すべてが変わってきます。

事前対応と事後対応

事前対応 VS 事後対応

大切なことを優先する

- システムの改善
- 蓄財
- 子どもの教育
- 能力開発
- 健康管理

急ぐことに振り回される

- クレーム処理
- 借金返済
- 不摂生による病気、入院

だから、キャリアの形成時は徹底的に仕事に打ち込む時期があってもいい。これも事前対応です。わたしが能力開発のスペシャリストとして自負し、周りからも認められ始めたのは60歳を手前にしたときくらいからでした。

セールスマンだったときには、セールスという仕事に賭けていました。セールスマネジャーになったらセールスへの迷いを打ち消すほどマネジメントに打ち込みました。

どんなに苦しくても、逃げずに誠実さを貫いて、力んだぐらい真正面から行けば、結局チームでしていることが周りからの評価になっていきます。結果、崩れないキャリアを形成できるのです。

プロと付き合って成果を出す

どんな分野でも専門性のない領域で、大きな成功は期待できません。わたしはいまだに能力開発の専門家として、人の中に内在する可能力を最大限に引き出していきたいという願望をもっています。

どんなことでも10万時間取り組めば一流になると言われます。1日9時間、年間300日間働いたとすると、40年続ければ10万8000時間です。

プロの心を知っているからプロと一緒に仕事ができます。その仕事においては、自分がもっとも成果を出せるという自尊心をもって、命に代えてでも成し遂げるくらいの心意気、仕事に対する姿勢がプロとアマチュアを分けます。

ただし、よい人間と一緒に仕事をしないと自分も成長しません。だから環境はとても大切です。

よい人と付き合うためには、自分がよい人間にならなければなりません。よい人間は志をもっています。相手を利用しようとか、安く使おうという発想は捨ててください。

与えてから与えられるという原則を、お互いに守る。そういう環境が一流のいい仕事を生み出します。

10万年後の未来は わからないけど 10万時間後に キミが一流に なっているのは 確かです！
それ 信じてみたいな 信じてみようかな
信じても いいかい？

第2象限にお金と時間を使う

わたしは若いときからフルコミッションセールスの世界に入りました。競争原理のなかで上司のように結果の出せる人間になりたいと思い、達成の面白さを味わってからは、さらなる達成をめざして駆り立てられてきました。

たとえば、銀行では本店で頭取と接している人間が役員に上がっていきます。その組織の中でもっともすぐれた意思決定ができる人間の考え方にどれだけ触れられるか、交流をするかが、人間力形成に影響します。

もし身近に憧れとなるような人がいなくても、さまざまな自己啓発書を読み、音声教材を聴けば、共通する価値観がわかってきます。「なぜこうした考えになったのだろう?」と、判断や意思決定の源に関心を寄せて、探求していくとその答えに行き着いた理由が紐解かれます。そこに共感して、人が意味づけしないようなことにも意味づけをして責任を果たそうとした結果、能力が開発されていきました。

思考を形成するのは自己投資です。次の図でいう第2象限に対する時間とお金の使い方が自分の未来をつくっていきます。

緊急性はないけれど、重要なことに投資をしていくと、第1象限の出来事がだんだんなくなっていきます。

第２象限の“緊急でないけど重要なこと”にかける時間とお金が人生を左右することはおぼえておくべきですよ

重要度と緊急度のマトリックス

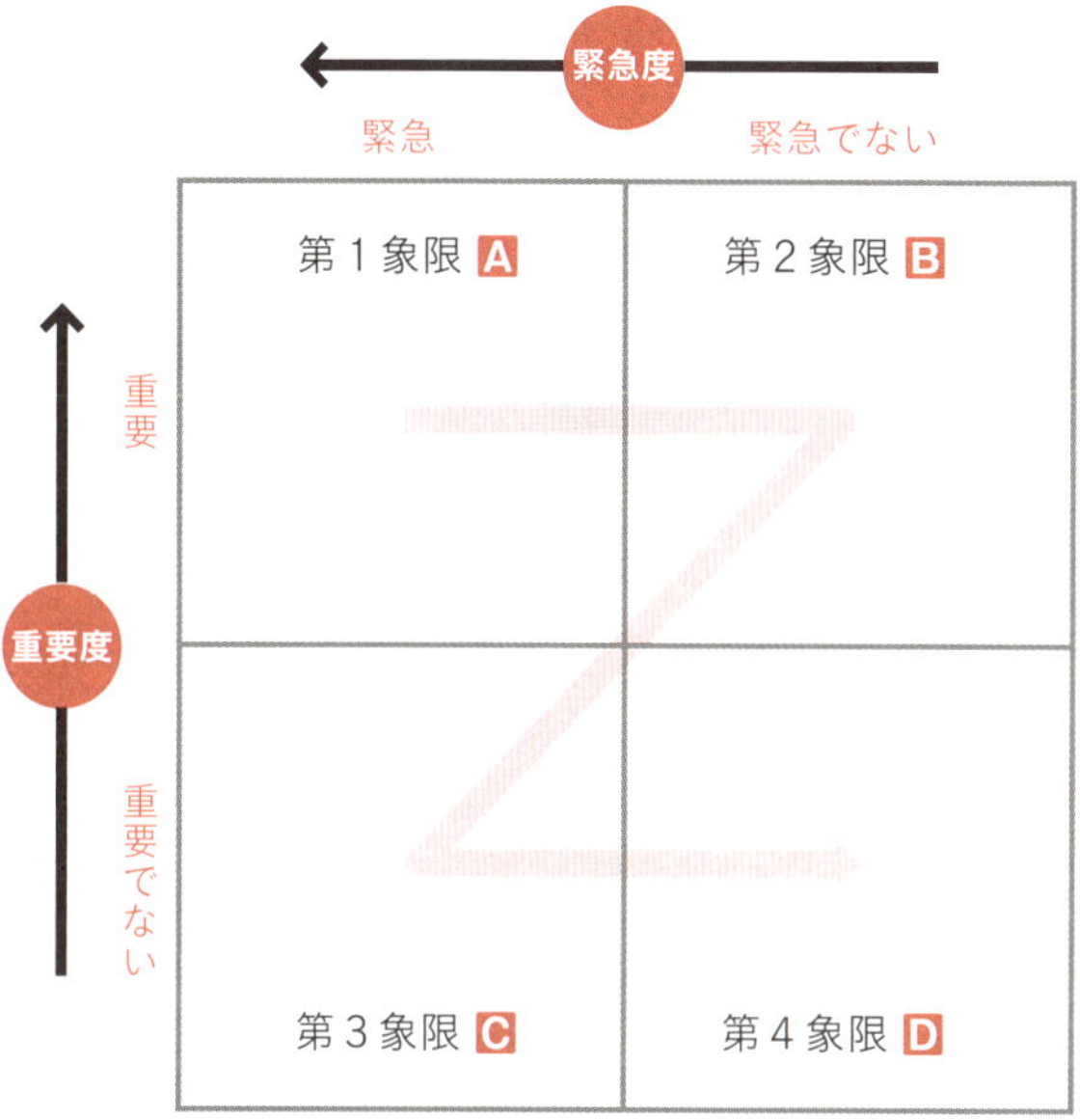

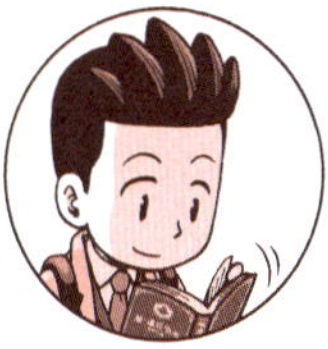

たとえばこの本を読むこととか？

企業にとっての第2象限は、採用と育成が挙げられます。個人では、ベストの状態で仕事ができるように、コンディションを整えることも最優先テーマに入ります。

できるかぎり質の高い人と出会うことも第2象限に入ります。質の高い人とは、実績をもち、社会のため、世の中のためという志をもっている人です。そういう人たちは、図のとおり、Z型の時間とお金の使い方をしています。

仕事のスケールをどう大きくしていけるのか。自分の命を輝かせられるかと考えたときに、大事なのは質です。ビジネスチャンスがあって自分だけが儲かるものよりも、社会のために役立つことをめざして仕事の質を高めましょう。結果、仕事のスケールも大きくなっていきます。

一点集中

ハウツーは世の中にいくらでも溢れています。しかし、何よりも大事なのは考え方です。方法論は状況によってすべて異なります。人によっても異なります。目標達成をするうえでいちばん大事なのは考え方です。

ガンジーは3億人もの人たちを思想で動かしました。武器を持っていたわけでもないし、何も持っていないのに、インドをイギリスの植民地から独立させたのです。自分でしなければならないことは自分でする。でも、自分よりもすぐれた人には任せる。

そして、自分にしかできないことをずっと続ける。一点集中です。わたしの場合は28年間ひとつの講座を続けた結果、一人で伝えるよりも周りの人たちに伝えてもらったほうが効果的だと思い、自分がしなければならないことは組織づくりに変わりました。


集中の土台は理念です。理念とは、ある物事が本来こうあるべきであるという考え方。理念は絶対に揺らぎません。なぜなら共有された理念は、共通目的になるからです。

そこから具体的な目標を設定して、逆算して役割分担をします。具体的に何をいつまでやるのかを決めます。理念が拠り所であり、その理念が皆にとって望ましいものであるからこそ、日夜具現化に対して集中していこうとなるのです。

キミにはキミだけのキミにしか実現できない成果と幸せがあるのです
ボクはいつだって〝影〟ながら見守っているです

「超・達成思考」は毎日の達成を積み上げるにつれ、培われていきます。

本書の内容を知っただけで終わらせないために、「行動習慣チェックリスト」を用意しました。継続した実行のために活用してください。

16		1	2	3	4	5	6	7	8	9	10	11	12	13	14	15	16
		17	18	19	20	21	22	23	24	25	26	27	28	29	30	31	
17		1	2	3	4	5	6	7	8	9	10	11	12	13	14	15	16
		17	18	19	20	21	22	23	24	25	26	27	28	29	30	31	
18		1	2	3	4	5	6	7	8	9	10	11	12	13	14	15	16
		17	18	19	20	21	22	23	24	25	26	27	28	29	30	31	
19		1	2	3	4	5	6	7	8	9	10	11	12	13	14	15	16
		17	18	19	20	21	22	23	24	25	26	27	28	29	30	31	
20		1	2	3	4	5	6	7	8	9	10	11	12	13	14	15	16
		17	18	19	20	21	22	23	24	25	26	27	28	29	30	31	
21		1	2	3	4	5	6	7	8	9	10	11	12	13	14	15	16
		17	18	19	20	21	22	23	24	25	26	27	28	29	30	31	
22		1	2	3	4	5	6	7	8	9	10	11	12	13	14	15	16
		17	18	19	20	21	22	23	24	25	26	27	28	29	30	31	
23		1	2	3	4	5	6	7	8	9	10	11	12	13	14	15	16
		17	18	19	20	21	22	23	24	25	26	27	28	29	30	31	
24		1	2	3	4	5	6	7	8	9	10	11	12	13	14	15	16
		17	18	19	20	21	22	23	24	25	26	27	28	29	30	31	
25		1	2	3	4	5	6	7	8	9	10	11	12	13	14	15	16
		17	18	19	20	21	22	23	24	25	26	27	28	29	30	31	
26		1	2	3	4	5	6	7	8	9	10	11	12	13	14	15	16
		17	18	19	20	21	22	23	24	25	26	27	28	29	30	31	
27		1	2	3	4	5	6	7	8	9	10	11	12	13	14	15	16
		17	18	19	20	21	22	23	24	25	26	27	28	29	30	31	
28		1	2	3	4	5	6	7	8	9	10	11	12	13	14	15	16
		17	18	19	20	21	22	23	24	25	26	27	28	29	30	31	
29	毎日ベストを尽くす	1	2	3	4	5	6	7	8	9	10	11	12	13	14	15	16
		17	18	19	20	21	22	23	24	25	26	27	28	29	30	31	
30	今日の反省と明日やるべきことの見直しをする	1	2	3	4	5	6	7	8	9	10	11	12	13	14	15	16
		17	18	19	20	21	22	23	24	25	26	27	28	29	30	31	
31	なるべく今日中に（午前0時までに）就寝する	1	2	3	4	5	6	7	8	9	10	11	12	13	14	15	16
		17	18	19	20	21	22	23	24	25	26	27	28	29	30	31	

行動習慣チェックリスト(毎年、前年比130%の成長を目標とせよ)

望む収入を得るためにあなたは毎日何を実践しますか?
No.13〜28に実践するべき項目を記入し、毎日実践して下さい。

自分の上司は自分　○満足(できた)　△やや満足(部分的にできた)　×不満足(できなかった)																	
1	早起きの実行	1	2	3	4	5	6	7	8	9	10	11	12	13	14	15	16
		17	18	19	20	21	22	23	24	25	26	27	28	29	30	31	
2	毎朝30分〜1時間、専門分野の勉強をする	1	2	3	4	5	6	7	8	9	10	11	12	13	14	15	16
		17	18	19	20	21	22	23	24	25	26	27	28	29	30	31	
3	スケジュールとプライオリティ・マネジメントの確認のために時間を20分間とる	1	2	3	4	5	6	7	8	9	10	11	12	13	14	15	16
		17	18	19	20	21	22	23	24	25	26	27	28	29	30	31	
4	10分間、成功イメージを瞑想する	1	2	3	4	5	6	7	8	9	10	11	12	13	14	15	16
		17	18	19	20	21	22	23	24	25	26	27	28	29	30	31	
5	車の中では能力開発CDを聴く	1	2	3	4	5	6	7	8	9	10	11	12	13	14	15	16
		17	18	19	20	21	22	23	24	25	26	27	28	29	30	31	
6	仕事は常に最優先テーマにそっておこなう	1	2	3	4	5	6	7	8	9	10	11	12	13	14	15	16
		17	18	19	20	21	22	23	24	25	26	27	28	29	30	31	
7	栄養のバランスを考えた食事をとること	1	2	3	4	5	6	7	8	9	10	11	12	13	14	15	16
		17	18	19	20	21	22	23	24	25	26	27	28	29	30	31	
8	毎日適度な運動をする	1	2	3	4	5	6	7	8	9	10	11	12	13	14	15	16
		17	18	19	20	21	22	23	24	25	26	27	28	29	30	31	
9	楽しみの時間をとる	1	2	3	4	5	6	7	8	9	10	11	12	13	14	15	16
		17	18	19	20	21	22	23	24	25	26	27	28	29	30	31	
10	家族とコミュニケーションする時間を毎日1時間とる	1	2	3	4	5	6	7	8	9	10	11	12	13	14	15	16
		17	18	19	20	21	22	23	24	25	26	27	28	29	30	31	
11	パワーパートナーに貢献する	1	2	3	4	5	6	7	8	9	10	11	12	13	14	15	16
		17	18	19	20	21	22	23	24	25	26	27	28	29	30	31	
12	ベンジャミン・フランクリンの13の徳と戒律を実践する	1	2	3	4	5	6	7	8	9	10	11	12	13	14	15	16
		17	18	19	20	21	22	23	24	25	26	27	28	29	30	31	
13		1	2	3	4	5	6	7	8	9	10	11	12	13	14	15	16
		17	18	19	20	21	22	23	24	25	26	27	28	29	30	31	
14		1	2	3	4	5	6	7	8	9	10	11	12	13	14	15	16
		17	18	19	20	21	22	23	24	25	26	27	28	29	30	31	
15		1	2	3	4	5	6	7	8	9	10	11	12	13	14	15	16
		17	18	19	20	21	22	23	24	25	26	27	28	29	30	31	

[著者プロフィール]

青木仁志（あおき・さとし）

北海道函館市生まれ。若くしてプロセールスの世界で腕を磨き、トップセールス、トップマネジャーとして数々の賞を受賞。その後に能力開発トレーニング会社を経て、1987年、32歳で選択理論心理学を基礎理論としたアチーブメント株式会社を設立。会社設立以来、40万名以上の人財育成と、5000名を超える中小企業経営者教育に従事している。

自ら講師を務める公開講座『頂点への道』講座スタンダードコースは28年間で699回以上毎月連続開催、新規受講生は36,286名を数え、国内屈指の公開研修へと成長している。

同社は、Great Place To Work® Institute Japanが主催する「働きがいのある会社」ランキングにて3年連続ベストカンパニーに選出（2016-2019年度、従業員100-999人部門）され、また日経新聞による『就職希望企業ランキング』では、社員数300名以下の中小企業では最高位（2014年卒対象 就職希望企業ランキング第93位）を獲得。2019年4月からは一般社団法人日本経済団体連合会に加入。

現在では、グループ6社となるアチーブメントグループ最高経営責任者・CEOとして経営を担うとともに、一般財団法人・社団法人など4つの関連団体の運営と、医療法人の常務理事を務めている。

2010年から3年間、法政大学大学院政策創造研究科客員教授として教鞭を執り、「日本でいちばん大切にしたい会社大賞」の審査委員を7年間歴任。また、「人を大切にする経営学会」常任理事、復旦大学 日本研究センター 客員研究員、公益社団法人経済同友会会員としても活動している。

著書は、30万部のベストセラーとなった「一生折れない自信のつくり方」シリーズ、松下政経塾でも推薦図書となった『松下幸之助に学んだ「人が育つ会社」のつくり方』（PHP研究所）、『志の力』など累計57冊。解題は、ナポレオン・ヒルの『新・完訳 成功哲学』をはじめ、計5冊。一般社団法人日本ペンクラブ正会員・国際ペン会員としても活動。

[その他肩書]

医療法人社団友志会 常務理事／一般財団法人　日本プロスピーカー協会（JPSA）代表理事／一般財団法人　ウィリアムグラッサー記念財団　理事長／一般財団法人　東京メトロポリタンオペラ財団　理事長／一般社団法人　日本ビジネス選択理論能力検定協会　会長／日本選択理論心理学会　副会長／日本CBMC　理事長／認定特定非営利活動法人　日本リアリティセラピー協会　専務理事／一般社団法人　日本ゴスペル音楽協会　理事／人を大切にする経営学会　常任理事／「日本でいちばん大切にしたい会社」大賞　審査員／一般社団法人日本ペンクラブ 正会員／東京中央ロータリークラブ　会員／公益社団法人 経済同友会　会員／法政大学大学院　政策創造研究科客員教授（2010年～2013年）／復旦大学 日本研究センター 客員研究員（2017年～）／一般社団法人 パフォーマンス教育協会理事（2019年4月～2022年3月）

■ブログ　http://www.aokisatoshi.com/diary
■フェイスブックページ　https://www.facebook.com/achievementaoki
■ツイッター　@aokiachievement

超・達成思考

2019年（令和元年）12月31日　第1刷発行

著者　青木仁志
発行者　塚本晴久
発行所　アチーブメント出版株式会社
〒141-0031 東京都品川区西五反田2-19-2
荒久ビル4F
TEL 03-5719-5503／FAX 03-5719-5513
http://www.achibook.co.jp

装丁・本文デザイン　轡田昭彦＋坪井朋子
イラスト　箱宮ケイ
印刷・製本　株式会社光邦

ISBN 978-4-86643-063-8

本書の著者印税は全額「一般財団法人 ウィリアムグラッサー記念財団」に寄付されます。

読み終わって
本を閉じたとき

ボクは
ペッタンの
正体がわかった

それは
自分自身の影だった

うつむいて
丸く縮こまりながら
地面ばかり見ていた
ボクの影…

顔を上げて
胸を張ったら

頭にトサカが
ちょこんと
はえたよ

嬉しいな
これでもう
ヒヨコじゃないよ
コケコッコ

羽ばたき方さえ
わかれば
キミは
空を飛べるんだよ
コケコッコ

そんなの
コッケイだよ
ペッタン

だって
ニワトリが
飛べるわけない
じゃないか

なんてこと

ボクは
もう
言わなかった

気がつくと
夜は
とっくに明けていた

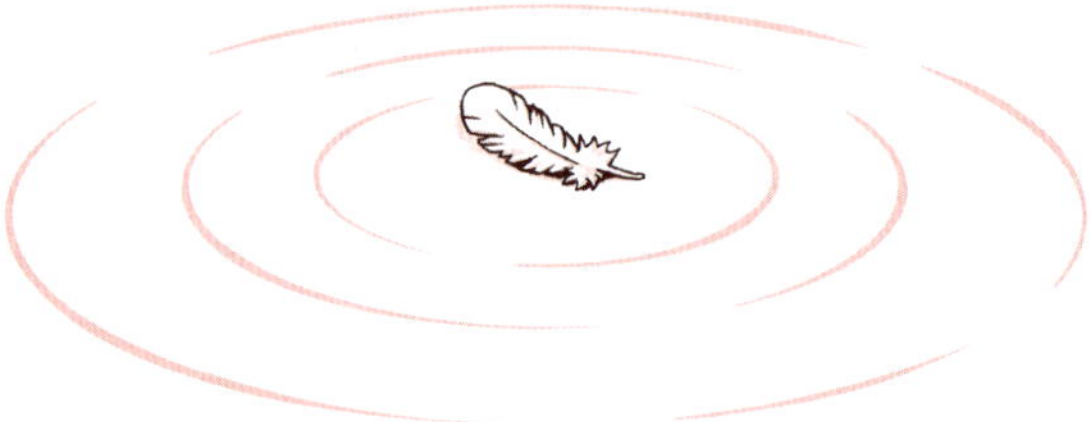